AVANTURES

DE ***

Tome III.

LES AVANTURES DE ***
OU
LES EFFETS SURPRENANS DE LA SYMPATHIE.

JE satisfaits, Madame à l'empreſſement que vous avez de voir la ſuite des Avantures de Clorante ; que je ſuis charmé que

Tome III A

le commencement vous en ait plû! Qu'il est heureux de faire plaisir à ce qu'on aime! Oüy l'amour est sans doute un grand bien de luy-même; le mien tout mal-heureux qu'il est, me fait trouver un charme infiny dans la certitude de vous avoir seulement amusée; si j'estois indifferent, mon cœur ignoreroit mille sortes de douleurs, dont son amour est la source, j'aurois sans doute un sentiment de vanité pour vous avoir plû, mais qu'est-ce que c'est que ce sentiment aux prix de la satisfaction délicate, de cette joye interieure & douce dont je me sens le cœur enchanté? ne diriez-vous pas à mes expressions, Madame, qu'un bonheur infiny m'est arrivé? ne vous paroist-il pas extraordinaire que la simple certitude de vous avoir plû me fasse ressentir autant de plaisir. C'en est là cependant toute la raison! Ah ne condamnez donc plus l'amour, puisqu'un cœur, quand il en a, ne voit plus de bornes à ses plaisirs, heureux estat qui plonge le cœur dans toute la douceur dont il est capable, non Madame, qui n'a point aimé a vécu sans le sentir, ses jours ne sont qu'un tissu de mouvemens indifferens, il ne connoît point tout l'avantage qu'il y a d'estre, il ignore la plus noble partie de luy-même; le cœur, ce présent des Dieux est un trésor dont la valeur luy échappe, il est comme au milieu des biens sans en profiter, parce qu'il ne sçait pas qu'il les possede, mortel vrayement infortuné, qui meurt sans avoir senty ce qu'il estoit; oüy, Madame, malgré vôtre indifference, je rends graces aux Dieux du bonheur de vous connoiſtre, puiſque le moment où je vous vis eſt celuy de mon amour, vous eſtes un de leur plus parfaits ouvrages, & les traits qui charment ceux qui les voïent, ſont ſans doute accompagnez d'un cœur auſſi parfait qu'eux, & capable de joüir luy-même du bien qu'ils prodiguent, ce moment n'eſt point encore venu, vous en joüirés de ce bien; mais vous n'en devez joüir qu'avec celuy qui vous aimera le plus, & quand ſon cœur aura mérité le vôtre par une attente proportionnée à ce que vous vallez; alors, Madame, alors, vôtre choix doit faire un heureux, dont je ne feray point jaloux.

C'eſt-là le difcours que mon amy continuë d'adreſſer à la Dame, en continuant auſſi ſon Hiſtoire; & voicy la ſuite des Avantures de ſon Heros.

Je vous ay dit, Madame, qu'Iſis en eſtoit à la reconnoiſſance de Parmenie par ſon pere, quand Fetime vint leur apprendre à Clarice & à elle qu'on venoit d'apporter chez elle un Cavalier bleſſé, elles accoururent toutes deux avec cet empreſſement ordinaire à ceux dont le ſort doit ſe dénoüer preſque toûjours par un accident heureux ou tragique; nous verrons bientoſt quel eſtoit ce Cavalier bleſſé.

Sa bonne mine & les riches habits dont il eſtoit vétu, firent d'abord préjuger que c'eſtoit un homme diſtingué; quand Iſis & Clarice entrerent dans la Chambre où l'on l'avoit mis, un Chirurgien que Fetime avoit ſur le champ envoyé chercher, mettoit le premier appareil à ſes bleſſures, elles n'estoient point dangereuses, mais la quantité de sang qu'il avoit perdu l'affoiblissoit si fort qu'il en estoit tombé dans un évanoüissement. Les deux rivales examinerent son visage avec attention, mais elles virent toutes deux qu'il leur estoit inconnu, ces Dames infortunées en soûpirerent, il leur sembloit que cet homme blessé devoit avoir quelque part à leurs malheurs. Quand l'appareil fut mis, le Cavalier qui jusques-là avoit esté évanoüy ouvrit languissamment les yeux, & poussant un soûpir avec peine! Où suis-je, s'écria-t'il d'une voix mourante! O Ciel me destinez-vous a d'éternels malheurs ; il ne dit que ces mots, de profonds soupirs acheverent de marquer la tristesse de sa situation. La genereuse Fetime tâcha par les discours les plus obligeans de calmer la douleur qui l'agitoit ; il parut que l'inconnu estoit sensible à sa bonté, & comme il avoit besoin de repos, tout le monde sortit de sa chambre, & le laissa reposer. La nuit s'approchoit, Isis, Clarice & la jeune Dorine eurent aprés soupé un moment de conversation ensemble; & le commencement de l'Histoire d'Isis interessoit si fort Clarice qu'elle luy témoignoit qu'elle seroit charmée de la luy entendre achever. Cette Dame infortunée se préparoit à je ne sçay quel plaisir d'apprendre de la bouche de sa Rivalle, comment elle avoit connu Clorante; helas, disoit-elle en elle-même, je ne le verray plus, & dans ce malheur affreux qui me menace, la compapgnie de ma Rivalle elle-même, doit avoir des charmes pour moy, puisqu'elle m'offre la douceur d'entendre parler de ce que j'aime.

Clarice dans les dispositions que luy donnoit une passion rare & prodigieuse, pria Isis de vouloir bien qu'elles passassent la nuit ensemble, Isis la remercia de cette marque d'amitié, elles se retirerent toutes deux, & lorsqu'elles furent en liberté, Isis à la priere de Clarice continua son Histoire de cette maniere.

Je vous disois quand Fetime nous a interrompu, qu'une marque noire que Parmenie avoit au bras, acheva de convaincre Adiflas son pere qu'elle estoit sa fille, & comme elle raconte elle-même son Histoire à Fredelingue; voicy comment elle continua quand elle eût dit qu'elle avoit retrouvé son pere.

Aprés cette reconnoissance, Adiflas mon pere resta quelques jours encore chez ma mere, car la mort de Phronie que mon pere nous apprit, fit que je la nommay toûjours ainsi, comme pour me consoler d'avoir perdu la veritable; enfin quand Adiflas fut entierement guery, il prit congé de ma mere, & m'enmena avec luy; je ne fçaurois vous exprimer quel chagrin je ressentis en quittant cette Dame à qui j'estois redevable, & de la vie & de tout le bonheur qui m'arrivoit alors, nous versames toutes deux un torrent de larmes, & je compris malgré le plaisir de retrouver un pere que la reconnoissance dans les cœurs naturellement genereux fait des liens quelque fois plus étroits que ceux de la nature même. Dieux qu'elle tendresse ne me sentis-je point pour cette aimable Dame!

pour ma mere; car ce nom a des charmes encore pour moy; les manieres tendres, obligeantes qu'elle avoit euës pour moy, s'offrirent toutes d'une vûë à mon esprit, je devois plus à son cœur & à sa bonté, que les enfans ne doivent à leurs parens, que la voye de la nature interesse pour eux. Je me représentois ces soins empressez, ce triste estat où je venois de la voir, & où l'avoit jetté le chagrin de me perdre; que toutes ces reflexions estoient attendrissantes! Cependant il falut nous

nous séparer; adieu ma chere mere, luy dis-je, en me jettant entre ses bras, & fondant avec elle en larmes, vos bontez font aujourd'huy mon bonheur ; pourquoy faut-il que ma reconnoissance n'éclatte que par la tristesse la plus cruelle! Ah Ciel, que j'achete cherement les faveurs du hazard, mon pere je vous retrouve, mais je perd ma mere; Dieux donnez-moy l'un & l'autre, ou finissez ma vie, je pensay m'évanoüir en prononçant ces tristes paroles, mon pere n'attendoit que moy pour partir, il n'avoit pas la force de me dire de le fuivre ; il eſtoit ſi touché luy-même des tendres effets de nôtre amitié, qu'il ne put prononcer que ces mots à ma mere, dans les bras de laquelle je reſtois comme immobile ; achevez de me la rendre, Madame, elle eſt éternellement à vous; s'il faut que je vous l'arrache.

A ces mots qui firent comprendre à ma mere combien Adiſlas eſtoit attendry de ce ſpectacle ; ma fille, me dit-elle en m'embraſſant plus étroitement encore, vous
voyez

voyez le trouble où je suis, j'ay moins de résolution que vous ; j'estois accoûtumée à vous regarder comme mon bien, mais je ne dois plus vous demander que vôtre cœur, conservez le moy ma fille ; oüy je seray toûjours vôtre mere, mais je vous ay assez possedée. Allez ma fille, allez soulager vôtre douleur entre les bras d'un pere à qui vous estes cheres, & qui doit vous l'estre? Partez, c'est moy, c'est cette mere que vous cherissez qui vous en presse, par cette derniere marque d'obéïssance ; laissez-moy du moins pour tromper ma douleur la satisfaction de penser que vous estes vrayment ma fille! Adieu, je n'ay pas la force de vous presser d'avantage, le sort nous sépare; mais puisque vous m'aimez, nos cœurs ne feront jamais séparez. Aprés ces mots qui marquoient qu'elle alloit me quitter; je fis un dernier effort pour la retenir, mais les bras me manquerent, mes genoux s'affoiblirent, j'allois tomber, si elle ne m'eut retenuë; mon pere s'approcha, qui avec l'aide de ma mere, me conduisit jusqu'au Carrosse dans lequel on me mit ; mon pere y monta, & ma mere alors fit en se retirant un cry qui me tira de la douleur stupide où j'estois plongée ; les chevaux marchoient déja, j'ouvris les yeux, mon pere m'embrassoit, je vis de ses yeux couler des larmes qu'il mêloit à l'abondance des miennes ; ah mon pere, m'écriay-je, helas ! Où me conduisez-vous ? Eh quoy ma fille, me répondit-il, vôtre cœur ne sent-il donc que le chagrin de quitter une mere, ma tendresse & la nature n'y peuvent-elles verser un peu de calme? Ah ma fille, on vous rend à mon amour; mais on me retient ce cœur que je devrois du moins partager. Ces paroles qu'il prononça vivement me touche‑rent, je l'avoüe plus que nôtre reconnoissance ne l'avoit peut-estre fait, il tenoit une de mes mains, je pris la sien‑ne, & y colant ma bouche; non mon pere, luy dis-je, je suis vôtre fille, & ce cœur dont vous vous plaignez, ne dément point le nom que vous me donnez; la tendresse que j'ay pour ma mere, ne diminuë rien de celle que je sens pour vous ; je la regrette, mais je vous aime ; je la pleure, & je vous suivray par tout.

Nous eûmes aprés cela, mon pere & moy, la conversation la plus touchante, qu'il soit possible de concevoir entre un pere & une fille, sa tendresse excita dans mon cœur toute celle dont la nature peut rendre capable, je sentis des mouvemens de respect & d'attention qui m'estoient inconnus, & dont le charme m'occupa pour lors toute entiere ; nous arrivâmes enfin à la maison d'Adiflas, qui eſtoit à un quart de lieuë de la Ville, où le Prince tenoit ſa Cour. Quand je fus accoûtumée au plaiſir de penſer que j'avois retrouvé mon pere, ſouvent un triſte ſouvenir me faiſoit regretter ma mere, & me rappelloit ces bontez à qui je devois la connoiſſance de l'autheur de ma naiſſance ; pour amuſer mon cœur occuppé de cette genereuſe Dame, j'allois quelque fois dans un petit bois prés de la maiſon de mon pere, car chez ma mere, il en eſtoit un où ſouvent nous nous entretenions toutes deux. Dans cette solitude éloigné de la sienne, il me sembloit l'entendre encore me donner des instructions de vertu ; ce doux nom de fille dont elle m'avoit appellée, me revenoit dans l'esprit si vivement, qu'il m'échappoit, en versant des larmes, de m'écrier quelque fois. Ah! ma mere, je ne vous vois donc plus, à chaque instant du jour ; surprenant effet de la reconnoissance. cette absence que j'aurois sans doute supportée plus patiemment, si j'avois esté sa propre fille, m'accabloit de douleur, par ce que je ne l'estois point, & qu'elle en avoit agy avec moy comme si je l'avois esté? je la voyois cependant de temps en temps, nous l'allions voir mon pere & moy; elle venoit aussi chez nous, mais ces visites de part & d'autre estoient rares, & nos maisons estoient éloignées.

Je passay de cette maniere l'espace de trois mois chez mon pere, il luy prenoit souvent envie de me conduire à la Cour, & de me présenter au Prince dont il estoit chéry; il m'en parla plusieurs fois

fois, je m'en deffendois toûjours. La Campagne & ce petit Bois où je me promenois me sembloient mille fois plus charmans que le tumulte du monde, que ma tristesse, & le souvenir de mon éducation champestre & vertueuse me faisoient haïr; cependant comme mon pere paroissoit souvent à la Cour; il y avoit un nombre d'amis, qui quelque fois venoient le voir chez luy, mon avanture y attiroit aussi des Dames qui avoient esté de la connoissance de ma mere.

Parmy ce nombre de gens

qui venoient nous voir. Un jeune Seigneur nommé Tormez y vint auſſi ; ce jeune homme eſtoit beau, de bonne mine & d'une des meilleures maiſons du Pays, mais ſa figure luy donnoit tant de prévention en ſa faveur, qu'à peine l'avoit-on vû deux fois, que le mépris ſuivoit de prés l'eſtime qu'on auroit naturellement fait de luy, s'il avoit eſté plus modeſte ; je ne diray rien de ſon eſprit, vous en jugerez par la ſuite de mon Hiſtoire. La premiere fois qu'il me vit, il parut charmé de moy ; & aprés un repas magnifique dont mon pere régala toute la Compagnie qui estoit chez luy ; Les Dames & les Cavaliers s'en allerent se promener dans ce petit Bois dont je vous ay déja parlé, là chacun avec qui luy plaisoit le mieux, se perdit & s'égara dans de differentes routes, le hazard voulut que je suivis deux Dames avec qui Tormez se trouvoit alors. La conversation fut d'abord generale, je m'apperçûs cependant que ce jeune homme jettoit de temps en temps des regards passionnez sur moy, je luy remarquay en même temps un attention sur sa démarche & sur son geste si ridicule, que ce que je luy vis de passion pour moy, jointe à sa fade affectation me le rendit encore plus insupportable qu'il ne l'avoit paru. Une des Dames qui se promenoient avec nous, s'apperçût du penchant qu'il avoit pour moy, & je connus par son silence & par un air de dépit qui se répendit sur son visage, qu'elle aimoit Tormez. Pour la tirer d'inquiétude, & pour luy prouver que je ne prenois aucune part aux empressemens que me témoignoit ce jeune homme, j'affectay de ne luy répondre presque pas, quand il s'adressoit à moy; mais Tormez piqué sans doute par un sentiment de vanité, de l'indifference avec laquelle je recevois ses premieres marques d'amour, redoubla ses contorsions ridicules & ses regards. Cette Dame qui avoit nom Cecile ne put soûtenir le peu d'attention qu'il avoit pour elle. sa jalousie la porta jusqu'à nous quitter assez brusquement, sa Compagne qui estoit une de ses parentes, jugeant des mouvemens qui l'agitoient par ce qu'elle avoit vû faire à Tormez, la suivit, en détournant dans une allée differente de celle où nous marchions Tormez & moy : Cette action me surprit si fort que je les regarday marcher assez longtemps sans prendre de party; mon étonnement passé, je voulus à mon tour tourner dans une allée où je vis mon pere qui se promenoit avec d'autres, Tormez alors m'arrestant par ma robbe d'un air passionné, mais hardy & présomptueux ! Eh quoy,

Madame, me dit-il, je vous parois donc bien affreux, puisque vous avez tant de répugnance à rester un moment seule avec moy; Cecile ne pense pas comme vous. Cette maniere de parler dont il accompagna son action hardie me choqua, je rougis des paroles que je venois d'entendre, & plus encore de son indiscrette vanité touchant Cecile, dont il me faisoit avec présomption remarquer la foiblesse. Non, Tormez, luy répondis-je, je ne vois rien d'affreux chez vous, & quand cela feroit, vous ne feriez pas difposé à le croire ; mais je n'y vois rien non plus d'affez intéreffant pour m'engager à me promener feule avec vous, Cecile penfe autrement que moy, je veux le croire, puifque vous le dites ; ainfi vous ferés mieux de la fuivre.

Aprés ces mots, je le quittay fans attendre fa réponfe. Ce jeune homme qui ne s'imaginoit pas qu'on put dédaigner fi fort une déclaration de fa part, fourit, & ne me fuivit point, voyant bien que fa pourfuite alors luy feroit inutile ; je ne fçay ce qu'il devint aprés, mais vous allez voir de quelle maniere il expliqua mes dédains; il jugea bien que je m'estois sans doute apperçûë du dépit amoureux de Cecile, sa présomption grossiere luy fit penser, que ce que j'avois remarqué de jalousie dans cette Dame, me l'avoit donné aussi, & que je ne pouvois luy avoir répondu si froidement, que 'piquée par délicatesse de l'amour que Cecile avoit pour luy, & que je soupçonnois qu'il partageoit sans doute. Plein de cette folle pensée, il ne songea plus qu'aux moyens de me prouver, que jamais il n'avoit aimé Cecile, & que ce qu'elle avoit de paſſion pour luy, eſtoit l'effet d'un penchant de ſa part, auquel ſon cœur ne répondoit point; tout le monde inſenſiblement ſortit du Bois, & comme la nuit approchoit, toute la compagnie ſe prépara à partir. Dans la converſation que mon pere avoit euë avec ſes amis & d'autres Dames, il luy perſuaderent par de ſi bonnes raiſons, qu'il avoit tort de me laiſſer à la Campagne, qu'enfin il réſolut de me présenter dés le lendemain au Prince. Le soir il m'apprit sa résolution d'une maniere qui m'annonça que je ne pouvois y résister sans le chagriner, je me déterminay donc à le satisfaire. Je ne sçay quel pressentiment des malheurs qui me sont arrivez, me fit regarder le séjour que j'allois faire à la Cour, comme la chose du monde la plus triste pour moy. Je versay le soir dans ma chambre un torrent de larmes. Je regrettois ma chere solitude, l'image de la vie paisible que j'avois passée si long-temps avec ma mere, je regrettay cette mere elle-même, mille autres chagrins dont je ne démêlois point la cause, accablerent encore mon esprit? quel changement pour moy, m'écriois-je quelque fois ! helas il faudra donc apprendre à devenir flateuse & politique, il faudra donc étouffer cette sincerité vertueuse que ma mere m'avoit inspirée ; comment conformer mon cœur à ce rafinement artificieux, & dans les discours & dans les manieres ; plus de tranquillité pour moy, plus d'innocens plaisirs, au lieu de cette vertu sage & modeste que j'ay vû briller dans ma mere, je n'en verray que l'ombre, par tout le tumulte & le bruit me tireront de ce calme charmant dont j'ay fait si longtemps une douce habitude. Comment vivre! Ciel parmy des ames contrefaittes, au milieu d'un monde dont les mœurs ne sont qu'un assemblage d'éfronterie, de trahisons, de vices & d'hypocrisie. Helas ma mere, où conduit-on vôtre fille, que vos maximes sont differentes de celles qu'il faudra que je prenne!

C'estoit ainsi que je me plaignois en secret; mon pere cependant m'envoya dire le matin de me préparer à le suivre, l'on m'habilla & nous partîmes, Adiflas descendit chez un de ses amis, & dés le même jour, mon pere me présenta au Prince, dont j'avoüe que la douceur & l'aspect m'enchanterent. Je ne sçay si vous sçavez que la Princesse son épouse estoit morte, il en avoit deux enfans, la Princesse qui règne au jourd'huy qui estoit l'aînée, & le Prince son frere, contre qui vous m'avez défenduë.

DE ✳✳✳

Leur pere dés l'inftant me demanda à Adiflas pour demeurer avec fa fille, Adiflas n'ofa refufer cette marque de faveur; je reftay à la Cour auprés de la Princeffe, & quelque beauté que le Ciel m'a donnée m'attira bientoft un affez grand nombre d'amans, mon cœur ne fe rendit à pas un; je garday toûjours le trifte fouvenir de ma mere, que je ne voyois plus, ceux qui cherchoient à me plaire eftoient autant d'importuns que je fuyois: je n'avois d'attention que pour me ménager le plaifir d'eſtre ſeule le plus ſouvent que je pouvois. Helas ces triſtes preſſentimens que j'avois ſentis, ne ſe juſtifierent que trop dans les ſuites. Le Prince regnant mourut, & la Princeſſe ſa fille eſtant l'aînée luy ſucceda. Adiſlas qui avoit des vûës de mariage pour moy, pria la Princeſſe d'agréer que je revins chez luy; mais elle luy répondit qu'elle vouloit elle-même me choiſir un mary, & qu'il pouvoit en toute ſûreté luy laiſſer le ſoin de ma fortune. Que l'amitié qui fit qu'elle me retint auprés d'elle me coûta

coûta cher! la Princesse est belle, je n'ose vous peindre le caractere de son cœur, & le respect que je dois avoir pour elle me ferme la bouche, qu'il vous suffise de sçavoir qu'entre bien d'autres deffauts, un malheureux penchant qu'elle a naturellement à l'amour, commença tous mes malheurs. Parmy les jeunes Seigneurs qui me faisoient la Cour, il en estoit un que j'estimois simplement, il méritoit ce sentiment d'estime par un respect sage & modeste qu'il eut toûjours avec moy ; je luy remarquois des mœurs reglées, il estoit digne de toute ma tendresse, mais Fredelingue, mon cœur n'estoit destiné qu'à vous. Ce jeune Seigneur avec qui je parlois plus volontiers qu'avec les autres, parût tel qu'il estoit à la Princesse; elle l'aima, la distance qui se trouvoit entre elle & luy, ne luy fit point renoncer à son amour, ses passions sont si vives, que la reflexion ne peut les surmonter; elle se détermina donc à marquer toute sa foiblesse à Meriante, c'estoit ainsi qu'il se nommoit; mais avant que de le faire, elle voulut auparavant estre instruite des sentimens que j'avois pour luy, Meriante estoit riche & d'une naissance illustre. Un jour que j'estois dans le cabinet de la Princesse, je vois Meriante s'attacher à vous, me dit-elle avec adresse ; il a toutes les qualitez qu'on peut souhaiter dans un mary, si vous avez quelque penchant pour luy, Parmenie, je hâteray vôtre mariage avec luy. Meriante est aimable & riche, Madame luy répondis-je, il a toute mon estime, mais si vous me permettez de disposer de moy suivant mon inclination, je ne m'en sens encore ny pour luy ny pour personne. Qu'une modestie mal placée, repartit-elle vivement ne vous engage pas à déguiser vos sentimens. Parlez à cœur ouvert, Madame, luy dis-je alors, mon cœur n'aura jamais de sentimens dont je puisse rougir, la sagesse & l'honneur les regleront toûjours; la tendresse qu'inspire un vray mérite, n'est point un défaut, quand elle peut conduire à un engagement permis, & si j'aimois Meriante, je vous l'avoüerois sans balancer, persuadée qu'avec ma Princesse, mon secret seroit en sûreté. Je ne vous en parleray donc plus Parmenie, dit-elle, en se radoucissant, j'attendray que vôtre cœur ait fait un choix, & je n'exige de vous pour reconnoissance de toute l'amitié que j'ay pour vous, qu'un aveu sincere de ce choix que vôtre cœur aura fait; je n'exige point cette complaisance pour vous faire de la peine; je vous la promets, Madame, d'autant plus volontiers, répondis-je, que je vois dans ce que vous me demandez une nouvelle preuve de vos bontez.

Nôtre converfation finit là. La Princeffe m'emmena dans fa chambre, il y avoit compagnie, Meriante y eſtoit auffi, & quelques momens aprés que nous y fûmes entrez, la Princeffe trouva moyen fans affectation de l'attirer au près d'une feneſtre, là je remarquay qu'elle luy parloit affez bas, d'une maniere même obligeante, & je crus lire dans les yeux de Meriante un certain embarras que j'attribuay, n'eſtant pas inſtruite à quelque difcours qui me regardoit, mais c'eſtoit en ce moment que la Princeſſe ſans luy déclarer ouvertement ſon penchant, luy faiſoit du moins connoître qu'il pouvoit du moins élever ſon cœur juſqu'à ſoûpirer pour elle. Ce jeune homme n'oſa m'aborder du reſte de la journée, je voyois même qu'il obſervoit ſes regards, & qu'il craignoit de me regarder; cela me confirma dans la penſée qui m'étoit venuë, qu'ils avoient tous deux parlez de moy, & cette timidité de Meriante, en me regardant me donna, je l'avoüe, quelque curiosité de sçavoir ce qu'ils avoient dit, je m'imaginay mille choses; je craignis que la Princesse n'eût donné sur mon chapitre des esperances flateuses à ce jeune homme, je ne pûs me résoudre à me coucher sans sçavoir ce qu'il en estoit; je feignis une légere indisposition, & comme je quittois la compagnie, mon pere qui arrivoit, & qui me suivit pour me parler un moment, fit encore mon excuse ; je m'en allay dans ma chambre avec Adislas qui n'y fut pas long-temps, je me doutois bien

bien que quand la compagnie fortiroit, Meriante ne s'en retourneroit pas, fans m'avoir parlé; je l'attendois avec quelque forte d'impatience; enfin il vinſt comme je l'avois jugé, mais d'un air ſi triſte & ſi conſterné que je n'eus plus lieu de m'imaginer qu'on l'eut flatté fur mon chapitre; j'eſtois alors avec deux autres filles de la Reine qui liſoient dans ma chambre; un moment aprés que Meriante fut entré, elles paſſerent toutes deux dans un autre, pour lire avec plus de tranquilité; quand il fe vit seul avec moy. Helas! Madame, que je suis malheureux, dit-il en soupirant; je me suis effectivement apperçûë, luy répondis-je de quelque changement sur vôtre visage; que vous est-il arrivé? la Princesse, ajoûtai-je en riant, vous disgracie-t'elle? non Madame, repartit Meriante, la disgrace me seroit peut-estre moins fatale, que ce qu'elle vient de m'apprendre.

A ces mots que ce jeune homme prononça d'un air touché, je crus que la Princesse luy avoit appris, ce que je pensois à son égard avec moins de ménagement que je ne l'avois dit. La tristesse de Meriante me fit quelque pitié, mais je n'eus aucune envie de le désabuser; pendant que j'avois cette idée, Meriante regardant si personne ne pouvoit nous entendre, m'apprit quel estoit le sujet de sa conversation avec la Princesse, elle ne m'a point encore expliqué ses sentimens sans réserve, ajoûta-t'il, mais elle n'en a dit que trop pour me faire comprendre qu'il faut me préparer ou à l'aimer, ou à périr; car continua-t'il belle Parmenie, il faut que je choisisse, l'amour de la Princesse ne me laisse aucun milieu que je puisse saisir pour me débarasser d'elle ; je la connois ; j'ose vous le dire ; vous este sage & discrette, rien ne me sauvera de sa fureur, si je méprise sa tendresse, elle ne la perdra qu'en se vengeant avec cruauté ; c'est-là son caractere ; l'effet de ses passions est toûjours violent & emporté. Cependant belle Parmenie, quoyqu'il arrive, je vous aimeray toute ma vie, les maux les plus cruels me seront plus supportables que la peine de me contraindre

DE ***

& de vous quitter ; mais ô Ciel ! ce qui me désespere, c'est que je mériteray peut-estre cette indifference que vous avez apréfent pour moy, par mille malheurs, qu'une constance que vous haïssez, pourra sans doute attirer sur vous, cruelle Princesse, que je serois heureux, si je ne soûtenois ma fidelité, qu'aux dépens de mes biens, de ma fortune, de mon sang même ! helas je ne cherchois qu'à prouver mon amour, quelle occasion plus fovora-ble pour moy, si ta fureur se bornoit à la perte de ma vie; vous n'estes point raisonnable, répondis-je à Meriante avec émotion, (car au travers de la politesse & de la douleur de la Princesse, j'avois entrevû son caractere dans le commerce que j'avois avec elle) vous n'estes point raisonnable luy dis-je, songez à ce que vous faites, que pouvoit-il vous arriver de plus glorieux que de toucher le cœur de vôtre Princesse; songez à quelle grandeur son penchant peut vous élever, de quelles faveurs allez-vous estre comblé; quoy vous vous exposez non-seulement à périr, vous renoncez au bonheur qui vous attend pour garder inviolablement une constance inutile; car vous le sçavez, je vous estime, mais je ne puis aimer. Ah! Meriante, ne justifiez pas par une si grande foiblesse indigne d'un grand cœur cette indifference que vous me reprochez; de quelques couleurs que vous peigniez ma constance, repartit Meriante, de quelque nom que vous l'appelliez, je renonce aux grandeurs, à l'honneur, à toutes les vertus d'une belle ame, si pour les conserver, il faut

E iiij

cesser de vous aimer ; rien dans mon cœur ne balance, mon amour, je n'ay plus que luy de cher, & si vous en exceptez le crime, mon cœur ne connoist que la mort qui puisse arrester ma tendresse. Eh bien ! perdez-vous donc, infortuné que vous estes, m'écriai-je, en me levant brusquement, entraînez-moy dans vôtre chute, rendez-moy la victime d'un emportement de passion haïssable, puisque ny la raison ny l'interest de cette mal-heureuse que vous aimez, ne peuvent la moderer : mais en attendant que je périsse, ne me parlez plus d'un amour plus à craindre pour moy que tous les malheurs ensemble, d'un amour plus barbare que tendre, & que vous ne pouvez signaler que par ma mort.

A peine avois-je prononcé ces mots, que je vis les larmes couler des yeux de Meriante, une pâleur mortelle se répandit sur son visage, il jetta sur moy des regards mourans. Helas! dit-il, si vous m'aimiez un peu, que cet amour que vous nommez barbare vous seroit précieux!

mais Parmenie, mon cœur n'eſt plus à moy, vous pouvez ſur luy, ce que la crainte de la mort, l'infamie, & tous les ſupplices les plus affreux n'y peuvent pas. Vous m'ordonnez de vous quitter? ceſſez de m'appeller barbare. Helas! ſi quelque jour vous aimez jamais, vous ſçaurés qui des deux l'eſtoit le plus, ou de vous, ou de moy; enfin vous voulez donc que je vous quitte, & que je ceſſe de vous voir, hé bien j'obéïs, mais ceſſer de vous aimer, m'eſt un effort impoſſible, dûſſiez-vous en périr, je ne crains point de le dire. Versa-t'on vôtre sang à mes yeux, pensée qui me fait frémir, l'amour ne pourroit sortir de mon cœur, & vous péririez, sans que je fus cruel. Vous exigez de moy des efforts surprenans; mais ce même cœur incapable de cesser de vous aimer, vous doit ces efforts vrayement barbares; il est à vous, vous voulez qu'il le sacrifie. Eh bien! Parmenie, vous serés obéïe; je ne vous verray plus, si vous le souhaittez, je tromperay la Princesse par une feinte tendresse; estes-vous satisfaite? Meriante luy dis-je, émûë de compassion pour ce qu'il souffroit, en ménageant mes interests, vous ménagez les vôtres, vous pouvez me voir quelque fois, mais faites ensorte que la Princesse ne s'apperçoive pas de vôtre passion pour moy ; & croyez qu'au défaut de l'amour, une compassion d'estime & d'amitié m'interesse encore plus à vos jours, qu'aux miens propres.

Aprés ces mots, nous entendismes quelqu'un qui venoit dans ma chambre, il me quitta pour cacher son désordre, & je restay tremblante pour les suites de la funeste nouvelle qu'il venoit de m'apprendre, si jamais la Princesse venoit à découvrir qu'il m'àimast.

Helas! mes craintes estoient bien légitimes ; & vous allez entendre un récit des malheurs & des incidens les plus funestes qu'on puisse s'imaginer; deux jours aprés ma derniere conversation avec Meriante, un des principaux Officiers de la Princesse mourut; elle fit choix de Meriante pour remplir sa place. A son âge il ne pouvoit esperer un rang plus haut, tout le monde fut surpris de cette prodigieuse faveur qui l'élevoit tout d'un coup à un dégré d'honneur, que vingt années de service jointes à sa naissance, pouvoient à peine luy faire mériter. La Princesse avoit résolu de ne luy rien cacher de toute sa foiblesse, lorsqu'il viendroit pour l'en remercier; elle luy fit apprendre cette nouvelle par un Gentilhomme qu'elle envoya chez luy. Il fut frappé d'étonnement & de crainte; cependant il chargea le Gentilhomme de dire à la Princesse qu'il alloit dans le moment luy en marquer sa reconnoissance ; elle l'attendit dans son cabinet, il vint avec un air de joye & de satisfaction que luy imposoit la necessité de se contraindre. Vous voyez Meriante luy dit la Princesse, en le voyant entrer, vous voyez si l'on vous estime ; je vois répondit-il, que ma Princesse a des bontez pour moy que ma reconnoissance toute grande qu'elle est, ne peut plus payer ; vous pouvez, repartit-elle les payer d'un prix que j'estime au-dessus de tout ce que je ferois pour vous, il n'est plus temps de vous parler avec ménagement & par énigme ; c'eſt à mon cœur, Meriante, que vous devez ce que vous eſtes aujourd'huy ; aprés cet aveu que mon rang me permet de faire, vous jugez aiſément du prix que je vous demande ; enfin, Seigneur la Princeſſe en ce moment ouvrit ſon cœur ſans réſerve. Je ne ſçay par quel air, ou par quelles paroles Meriante démentit le retour contraint dont il avoit réſolu de la perſuader; mais au travers de ſes fauſſes proteſtations, elle démêla la peine qu'il avoit à les faire,

faire, elle a de l'esprit infiniment, elle jugea qu'il faloit absolument que son cœur fut prévenu de quelqu'autre passion, puisqu'il ne se rendoit ni à ses charmes capables, sans la flatter, d'inspirer de l'amour aux plus insensibles, ny à l'honneur & à la vanité d'être aimé de sa Princesse; cette reflexion suspendit le couroux qu'elle conçût de la froide ardeur de Meriante, elle feignit même d'estre contente de luy, & ce fut à ce funeste soupçon que nous dûmes tous deux nos malheurs; elle fit examiner les démarches de Meriante, il crut avoir échappé aux maux qu'il avoit crains, ses assiduitez auprés de moy ne furent point si fréquentes, mais il en eut assez pour donner de l'inquiétude à la Princesse; elle s'imagina que j'aurois bien pû m'appercevoir de l'amour qu'elle avoit pour ce jeune homme, quand elle m'avoit demandé si je l'aimois; elle crut la réponse que je luy avois faite un déguisement adroit dont je m'estois servy pour éviter les effets de sa jalousie. Sur ce soupçon elle se servit elle-même d'un stratagême qui ne luy réüssit que trop.

Vous vous ressouvenez sans doute, Seigneur, du nom d'un appellé Tormez, qui chez mon pere avoit osé me déclarer son amour avec une hardiesse que je mortifiay par une réponse qu'il interpréta quelques momens aprés en sa faveur. Ce jeune homme à la Cour fit mille folies pour me convaincre qu'il n'avoit jamais aimé Cecile, cette Dame dont j'ay parlé tantost, ses extravagances avoient esté sans succés; il m'estoit devenu si importun, que souvent en public malgré ma retenuë naturelle, il m'estoit échappé de luy donner des marques de mépris; ma résistance l'avoit outré, accoûtumé à penser qu'un cœur qu'il attaquoit ne devoit point luy échapper, il ne pouvoit se consoler d'une fierté sans relâche, qu'il regardoit pour luy comme un sujet de honte; il avoit cependant mis quelque treve à ses importunitez. Ce fut sur luy que la Reine jetta les yeux pour servir d'instrument à sa vengeance, en cas qu'elle trouva que les soupçons qu'elle avoit contre Meriante & moy fussent bien fondez; son pere estoit un vieillard venerable pour qui la Princesse avoit beaucoup d'estime; elle l'envoya chercher, ce bon-homme vint; je veux luy dit-elle avant que vous finissiez vos jours, que vous ayez le plaisir de voir à vôtre fils une femme que je luy donneray moy-même; c'est Parmenie dont j'ay fait choix pour luy, vous sçavez qui elle est, je l'aime, & le don que j'en feray à vôtre fils, sera accompagné de plus de biens qu'il n'oseroit en souhaiter. Ce vieillard charmé des bontez de la Princesse se jetta à ses genoux, & la remercia de l'interest qu'elle vouloit bien prendre à la fortune de Tormez son fils. Il s'en retourna chez luy remply de joye; il instruisit Tormez qu'il y trouva, de la grace que leur faisoit la Princesse. A cette nouvelle, Tormez dont peut-estre jusqu'icy tout l'amour avoit esté plus vanité que tendresse, sentit naistre pour moy dans son cœur des sentimens si vifs, que dés l'instant transporté d'amour & de reconnoissance, il courut chez la Princesse, il arriva dans le temps que j'entrois dans la chambre par un ordre exprés qu'elle m'avoit fait donner ; est-il bien vray, Madame, dit-il en s'addreffant à la Princesse, que vous me destinez l'aimable Barmenie ? à ces mots que je ne compris point, n'estant encore informée de rien ; qui vous a donc dit Tormez, répondis-je, que je sois destinée pour vous? la Princesse elle-même, repartit-il qui vient d'en assûrer mon pere. La Princesse! m'écriay-je. O Ciel ! aprés Meriante, dont elle m'a parlé, & que je n'ay point accepté? elle est trop bonne & trop juste pour exiger de moy que je vous choisisse ; vous me ferés cependant plaisir d'accepter Tormez pour époux, répondit-elle alors, j'ay dessein de récompenser cette famille, & je ne puis le mieux faire qu'en leur donnant une fille dont le mariage doit assûrer Tormez d'une protection de ma part, que mon amitié pour vous luy conservera toûjours. Je vois, Madame, dans ce que vous dites, repartis-je des preuves de cette amitié, dont vous

vous m'aſſûrez, pardonnez-moy ces termes, puiſqu'il eſt vray que vous m'aimez, Madame ; vous ne ſçauriez faire mon malheur, & je n'en connois point de plus grand pour moy, que celuy d'épouſer Tormez, il a de la naiſſance, il eſt vôtre choix ; mais je l'avoüeray, mes ſentimens pour luy ſont ſi éloignez de ceux qu'on doit avoir pour un mary, qu'il n'eſt point d'homme au monde que je ne luy préféraſſes, peut-eſtre malgré tout ce qu'il vaut ; voyez aprés cela, Madame... Allez Parmenie, dit la Princesse, en m'interrompant, le mariage unit les cœurs, & vous me remercierés vous-même de la petite violence que je vous fais aujourd'huy. Ce Meriante que vous vantez tant, vous ne l'avcez pas voulu! Ah Madame, m'écriay-je, transportée de haine & d'horreur pour celuy qu'on me destinoit, & n'étant plus en estat de me ménager avec prudence ; ordonnez-moy vingt fois d'épouser Meriante. Je n'eus pas plûtost prononcé ces imprudentes paroles que je m'en repentis. La Princesse changea de couleur; c'en est fait, répondit-elle d'un ton de voix vif, obéïssez Parmenie, je le veux, & ne le veux que pour vôtre bien.

Pendant toute cette conversation, Tormez n'avoit presque rien répondu; cette aversion ouverte que j'avois témoignée pour luy, l'avoit effectivement saisi de douleur; mais cet amour capricieux qui l'avoit surpris, occuppant un cœur d'un mauvais caractere, n'éclatta dans les suites, que par des dépits outrez, il se retira confus du peu de succés de la faveur de la Princesse, qui luy promit, qu'il m'épouseroit, & qu'elle m'y résoudroit. Aussi-tost qu'il fut sorty, elle envoya chercher Meriante, dont la charge l'obligeoit à paroître souvent : Cette adroite Princesse aprés de tendres discours faits avec tout l'art necessaire, pour qu'elle parust tranquile, luy apprit comme sans affectation que Tormez devoit m'épouser dés le lendemain, qu'à la verité ce mariage n'estoit point de mon goust, mais qu'enfin elle m'y avoit résoluë. A ces mots, cet infortuné qu'on abusoit, terrassé du coup qu'on luy portoit, pâlit, chancelle & tombe dans un fauteüil, sans avoir la force de répondre un seul mot.

Quel aspect pour la Princesse! elle ordonne à une de ses filles confidente de son amour d'enfermer Meriante, & le dépit dans le cœur, elle s'enferme, en donnant ordre qu'on m'avertisse de venir la trouver; j'y vins, l'estat où j'estois eut dû l'attendrir; mais la jalousie n'inspira jamais de mouvemens si compatissans; vous voilà donc? perfide, me dit-elle, quand

G iij

je fus enfermée avec elle, vous que mes bontez ont comblée de faveurs ; vous dont l'artifice me réduit aujourd'huy à gémir d'une passion que je n'ay laissé maîtresse de mon cœur, que sur l'indifference que vous me disiez avoir pour Meriante? Je l'aime ce Meriante ? l'ingrat a sçû me plaire ; sur vos discours & sur les siens, je formay le dessein de partager mon rang avec luy. Que deviendrai-je à présent que l'amour s'est emparé de mon cœur? je sens que je ne puis plus y renoncer sans mourir, je suis dans une agitation terrible, je souffre mille maux que je vous dois, fourbe que vous estes, puisque si vous m'aviez ingénuëment avoüé que vous l'aimiez, quand je vous le proposay pour époux, ma raison alors eut pû triompher de ma foiblesse, mais je ne suis désabusée, que quand mon cœur ne peut plus se détacher, le perfide luy-même a feint avec moy un amour qu'il ne ressentoit pas, pour prix des sentimens les plus tendres que j'avois pour luy, il a bien osé se joüer de moy, ma honte

& mon desespoir sont l'ouvrage & de vous & de luy.

Aprés ces mots, la Princesse s'arrêta quelque moment, & versa des larmes ; pour moy, je demeuray muette & interditte, & ne sçachant comment elle avoit esté si bien instruitte de l'amour que Meriante avoit pour moy ; mais les paroles qu'elle dit encore me l'apprirent.

Que je suis malheureuse ! s'écria-t'elle, que Meriante a de passion pour vous ! l'ingrat s'est évanoüy, quand je luy ay dit pour l'éprouver, que vous alliez épouser Tormez, la pâleur s'eſt répandu ſur ſon viſage, il eſt tombé à mes yeux. Quel ſpectacle pour moy ! mais Parmenie, ne penſez pas que vos artifices demeurent impunis, je veux me venger ; Adieu je ſuis au déſeſpoir, Tormez eſt l'objet de vôtre averſion, je ne vous en parleray plus, mais ſi vous n'en épouſez un autre ; encore une fois je me vengeray ?

La-deſſus la Princeſſe ſortit de la Chambre & m'y enferma ; je ne vous diray point dans quelle ſituation je me trouvay alors, il eſt difficile de la peindre ; je n'avois pas eu la force de répondre un seul mot, les larmes alors furent mon unique ressource.

Trois heures aprés, sans que je sçache qu'elles mesures prit la Princesse, quatre hommes masquez accompagnez d'une Dame que je n'avois point encore vûë, m'ordonnerent de la part de la Princesse de les suivre ; ne vous allarmez point, me dit la Dame, on ne vous veut faire aucun mal, nous avons ordre seulement de vous enlever de la Cour.

DE * * * 83

La-dessus, sans attendre ma réponse, ils me prirent par dessous les bras, & me firent traverser une gallerie assez obscure, & dont on avoit peut-estre à dessein éteint presque toutes les bougies, nous en allions sortir pour nous rendre à un degré, quand un homme qui descendoit ce même degré, entendant le bruit que nous faisions en marchant dans la gallerie, s'arresta pour voir qui ce pouvoit estre, à la faveur d'un peu de lumiere qui nous éclairoit encore ; cet homme nous apperçût, il fut surpris de ce spectacle, & croyant connoistre celle que ces hommes masquez conduisoient ainsi, il remonta pour voir de plus prés. Que devint-il ô Ciel! quand il me reconnut pour sa fille; c'estoit Adistas luy-même qui revenoit de souper de chez un de ses amis qui logeoit au Palais de la Princesse, son logement estoit dans un corps de logis dont la sortie aboutissoit à ce petit degré, & mon pere le descendoit alors pour se rendre à son carrosse qui l'attendoit dans la ruë.

Il est aisé de s'imaginer,

que me voyant conduite par ces quatre hommes masquez & une Dame inconnuë ; cette action pouvoit luy paroître suspecte de violence, il approche. Ah ma fille ! s'écria-t'il, que signifie ce que je vois ? où la conduisez-vous miserables ? A sa voix, que je reconnus ; car la douleur m'ôtoit l'usage des yeux. Ah mon pere! sauvez-moy, je suis perduë, luy dis-je. A ce discours, tirant son épée, arrêtez ravisseurs, continua-t'il, impudens, osez-vous dans des lieux respectables executer une action pareille. Seigneur, luy dit un de ses hommes ; laissez-nous, vous n'avez rien à craindre pour vôtre fille, & si vous en doutez, suivez-nous, & vous verrés que vous avez tort de vous allarmer pour elle ; & d'ailleurs nous agissons par l'ordre de la Princesse ; de pareils ordres ne feront executez qu'aprés ma mort, s'écria mon pere, transporté de colere. Aprés ces mots, il se jetta sur ces ravisseurs l'épée à la main, ils se mirent seulement en défense, en luy disant toûjours d'arrester, mais son amour allarmé fit qu'il ne les voulut seulement pas entendre; enfin je ne sçay par quel malheur auquel ces gens n'eurent à la verité qu'une part innocente, il tomba & se blessa de ses propres armes. O Ciel! que devins-je alors! mes cris firent retentir la salle, mes conducteurs en parurent veritablement touchez ; & comme l'accident qui venoit d'arriver leur paroissoit considerable, deux d'entr'eux resterent pour transporterent mon pere ailleurs. La femme qui resta avec les autres, les pressa de m'épargner ce triste specta-

cle, & de me conduire hors de ces lieux ; ils le firent, la douleur m'ôta toute mes forces, nous trouvâmes un carrosse dans la ruë, dans lequel ils me mirent avec la Dame; en un instant, nous fûmes hors de la Ville, & nous arrivâmes à un Château qui n'en estoit éloigné que de demy lieuë. Ils me firent descendre, & s'éforcerent de calmer ma douleur. Je fus conduite dans un appartement trés-beau, & remise aux soins de trois ou quatre femmes qui s'empresserent toutes à me déshabiller, &
pour

pour me mettre au lit. Malgré tout le chagrin que la Princesse avoit contre moy. Apparamment qu'elle n'avoit donné aucun ordre dur; car jamais on ne témoigna plus d'ardeur à soulager mes maux qu'en témoignerent celles qui me servoient.

Je restay de cette maniere huit jours entiers sans voir personne que mes femmes qui m'apprirent que le Château dans lequel j'estois appartenoit à un vieux Seigneur qui demeuroit à la Cour; elles ajoûterent, ou confidemment ou exprés, que le deſſein de la Princeſſe en m'y faiſant conduire eſtoit de me morrifier ſur quelque petite peine que je luy avois faite, mais que d'ailleurs je n'y reſterois pas long-temps, & que le ſéjour que j'y ferois ſeroit adoucy par les viſites du fils de celuy â qui appartenoit le Château, que peut-eſtre même, le deſſein de la Princeſſe eſtoit qu'il devint mon époux.

A ces mots je compris l'artifice, & je jugeay que les viſites de ce futur époux étoient juſtement le motif qui engageoit la Princeſſe à me reléguer dans ce Château. Ce jeune homme que je connoissois, & qui n'estoit point d'une figure désagreable, se présenta à mon esprit alors comme un objet effroyable, en un mot comme l'instrument d'une jalousie qui me donneroit mille chagrins, je ne cachay point, même à ces femmes l'aversion que je me sentois pour luy, & je leur dis qu'il estoit inutile qu'il se présentast.

Cependant l'inquiétude que j'avois de la blessure de mon pere, estoit plus vive encore que celle de ma destinée, j'en demanday des nouvelles, & le quatriéme jour on me dit que la Princeſſe avoit eſté au déſeſpoir de ſa fâcheuſe avanture; mais qu'on m'aſſûroit de ſa part qu'il en réchapperoit.

Ces aſſûrances ne me ſatisfirent pas, quelques jours aprés, je preſſay encore mes geollieres de m'apprendre en quel état eſtoit Adiſlas, s'il eſtoit informé de l'endroit où j'eſtois, ſans doute ajoûtay-je que la Princeſſe le retient de ſon côté priſonnier, ſans cela je verrois mon pere, il ne m'abandonneroit pas.

Là-dessus ces femmes tâcherent d'éluder ce que je disois, leur réponses estoient équivoques, en un mot je me figuray tout ce qu'on peut s'imaginer de plus triste en pareille occasion, je crus mon pere mort, & je m'abandonnay à des larmes continuelles.

J'avois raison de pleurer sa mort, puisque comme j'ay sçû depuis, il mourut de sa blessure.

Et voicy comment j'appris la chose. Les deux hommes qui estoient restez au prés de luy pour le secourir, le porterent dans un appartement du Château ; & l'un d'eux courut chercher du secours, & avertir la Princesse de cet accident.

Elle en fut véritablement affligée, sa colere n'alloit point jusqu'à estre insensible à un si grand malheur, elle se repentit du dessein qui l'avoit occasionné ; elle détesta sa foiblesse, mais à quoy servoient tous ces regrets, mon pere mourut. Il vécut encore cinq jours aprés sa blessure, & comme il demandoit sans cesse de mes nouvelles, la Prnicesse se détermina à l'aller voir. Quoy, Madame, luy dit mon pere en la voïant! est-il possible que vous ayez fait enlever ma fille? Quel crime a donc commis cette infortunée? Adislas luy repartit la Princesse, vôtre fille n'a commis aucun crime, mais son enlevement vous ôte la vie ; & c'est un crime que j'auray toûjours à me reprocher , puisque c'est par mon ordre que s'est fait cet enlevement ? Ecoutez-moy, j'ay voulu vous parler avant que vous mourussiez, afin du moins de calmer vôtre esprit sur la destinée de vôtre fille, & pour que vous n'expiriez pas avec la haine dans le cœur pour moy.

Aprés ce discours, elle fit à Adillas un aveu ingénu de toute sa foiblesse pour Meriante, elle n'oublia pas de luy dire qu'elle nous avoit d'abord soupçonnez de nous aimer luy & moy, que sur ce soupçon elle m'avoit parlé ; là-dessus elle peignoit la dissimulation dont elle croyoit que j'avois usé à son égard, aussi-bien que la fausseté des sentimens que Meriante avoit affecté d'avoir pour elle, & qu'abusée par tant

tant d'artifices, elle avoit ouvert son cœur à toute la tendresse de penchant qu'elle s'estoit sentie pour cet ingrat; elle luy raconta de qu'elle maniere elle avoit esté tirée d'erreur ; qu'aprés cela, sans concevoir aucun dessein violent contre moy, & ne pouvant renoncer à son amour, elle avoit envoyé chercher le vieux Seigneur, auquel appartenoit le Château dans lequel j'estois, qu'elle luy avoit fait entendre qu'elle m'avoit proposé son fils pour époux, & que sur quelques réponses peu respectueuses que je luy avois faites, elle avoit résolu de me faire enfermer dans son Château, que pendant que j'y serois, il falloit que son fils m'y rendit quelquefois visite, & que comme il estoit aimable, sans doute il se feroit à la fin écouter.

Ce Seigneur, ajoûta-t'elle en continuant de parler à mon pere, fuft charmé de ce dessein ; vôtre fille estoit un party avantageux pour son fils, il couruft luy-même préparer les lieux, je fis partir quelques femmes pour servir Parmenie, avec ordre de la consoler, & la divertir par tout ce qu'ils pourroient s'imaginer. Cette idée, Adiflas, ne laiſſoit pas que d'eſtre extraordinaire, c'eſtoit expoſer vôtre fille à mille ennuis; mais ſi vous ſçavez ce que la jalouſie & la honte d'avoir eſté trompé, ſont capables de faire execu-ter, vous me plaindriez au-tant que vous me condam-nez, ſans doute; enfin je fis enlever vôtre fille, vous vous trouvâtes malheureuſement dans l'inſtant qu'on la con-duiſoit, & vous futes la vic-time de vôtre propre colere; vous mourez & je languis de douleur ; soyez cependant persuadé que je n'executeray rien de funeste contre vôtre fille ; il est même à propos de la laisser dans le Château, pour luy épargner le chagrin de vous voir expirer, j'ordonneray aussi qu'on luy cache vôtre mort. Le fils du Seigneur dont je viens de vous parler la verra effectivement, peut-estre pourra-t'il s'en faire aimer ; mais quand cela n'arriveroit pas, je la tireray de cette solitude, & luy rendant ma confiance avec mon amitié, je la laisseray disposer de son cœur, en attendant que la tristesse finisse enfin ma propre vie.

Aprés ce discours elle quitta mon pere qui ne mourut que deux jours aprés; sur le lendemain de sa conversation avec la Princesse, il envoya la prier de permettre qu'il me vit avant sa mort, qu'il sentoit qu'elle s'approchoit, & qu'il n'auroit de regret en mourant que celuy de ne m'avoir point embrassée. La Princesse touchée de ces paroles, donna ordre qu'on me transporta la nuit dans la chambre de mon pere ; mais deux heures aprés il expira,

& la Princesse révoqua l'ordre.

La mort de mon pere la pénetra vivement, elle passa quelques jours ensevelie dans une noire mélancolie, révant sérieusement au malheur que sa jalousie venoit déja de produire, mais enfin une forte passion chasse toute autre idée, elle se détermina, puisqu'elle en avoit tant fait à poursuivre ce qu'elle avoit commencé.

Je restay donc dans le Château, ignorant toûjours le sort de mon pere; mais dans la cruelle prévention qu'il estoit mort ; il n'est point encore guéry, me disoit-on, & l'on ne vous retient icy qu'en attendant que vous puissiez le voir en santé ; enfin au huitiéme jour je vis venir le fils de ce Seigneur, dont on m'avoit parlé, je me promenois en ce moment dans un vaste jardin du Château, il m'aborda d'un air trés-respectueux, mais peu tendre; Madame, me dit-il, on m'a fait entendre que vous estes icy la prisonniere de la Princesse, vous n'aurez pas en elle un Juge sévere, si vous avez pû par malheur l'offenser en quelque chose ; mais quelque légere que soit la satisfaction qu'elle en prend ; je suis fâché que la maison de mon pere soit le lieu qu'elle ait choisi pour cela ; je viens vous en témoigner mon chagrin, & vous prier de vouloir bien me souffrir un moment avec vous. Ce discours me parut obligeant, & j'y trouvay comme une certitude du peu de chagrin que j'aurois à souffrir de l'amour de ce jeune homme. Seigneur luy répondis-je, la Princesse a eu raison de choisir ce lieu pour ma prison ; comme elle n'est pas un juge severe, elle ne pouvoit le marquer mieux qu'en me retenant dans une maison, où sans des chagrins étrangers, on pourroit se consoler du défaut des charmes de la liberté, & quand je regrette la mienne; ce n'est pas par attention à la douce prison dans laquelle je suis. Pourrois-je contribuer en quelque chose à vôtre tranquillité; me répondit-il ? ma vûë icy vous est-elle importune ? non Seigneur, repartis-je, une seule chose m'inquiette. Apprenez-moy si je dois pleurer un pere, est-il mort? vit-il encore? on a dû sans doute vous informer, dit-il, qu'il est mort d'une blessure qu'il a reçû, sans doute, en se battant contre quelque ennemy qu'on ne connoist pas. Voilà ce que j'ay appris, Madame, mais je suis au désespoir, que ce soit de moy que vous sçachiez cette triste nouvelle.

Vous remarquerés qu'on avoit oublié d'avertir ce jeune homme, de garder le secret touchant la mort de mon pere; d'ailleurs il me le disoit mort d'une blessure reçûë en se battant contre un ennemy, parce que c'estoit de cette maniere que la Princesse avoit donné ordre aux deux hommes qui l'avoient secouru, de le divulguer, de sorte que ce jeune Seigneur, son pere même & toute la Cour ignoroient le secret de cette mort.

Vous pouvez aisément juger de ce que je devins en apprenant cette funeste nouvelle; je pensay m'évanoüir, & je serois tombé, si quelqu'une des femmes qui m'accompagnoient ne m'eussent soûtenuë, je perdis du moins l'usage de la parole; on me ramena au Château, foible & presque mourante, & je fus sur le champ mis au lit; je tombay malade ensuite, & ma maladie commença par des convulsions terribles qui firent craindre plus d'une fois pour ma vie. Je rendray dans cette occasion justice à la Princesse, la crainte de ma mort qui auroit suivy celle de mon pere de si prés, la jetta dans un chagrin mortel; je fus témoin de sa douleur, puisqu'elle me vint visiter, je luy vis répandre des larmes, je l'entendis se reprocher sa jalousie, elle s'appella mille fois cruelle : Pour moy qui ne craignois point la mort, & qui ne me souciois plus de la vie, aprés avoir perdu un pere que je chérissois tendrement, & qui d'ailleurs n'avois que luy que je puſſe regretter en mourant : Pour moy, dis-je, je luy pardonnay de tout mon cœur, les effets d'une tendreſſe qui m'alloit eſtre funeſte. Vivez, vivez, me dit-elle, en me ſerrant la main ; oubliez les maux que vous a fait une jalousie dont je n'ay pas eſté la maîtreſſe. Vivez Parmenie, vous me ferés déformais chere; je vaincray mon amour, ou je mourray.

A peine eût-elle prononcé ces paroles, qu'une foibleſſe qui me prit, m'ôta toute connoiſſance. J'ay ſçû que la Princeſſe s'eſtoit retirée, pénêtrée de chagrin, avec ordre qu'on uſaſt de tout ce qu'on pouvoit s'imaginer de meilleur pour me rendre la ſanté. On ſoulagea mon mal à force de remedes, & quelques temps aprés on m'ordonna une ſaignée, ce qui fut fait. Cette ſaignée fit naître une avanture aſſez triſte, & qui me r'engagea dans de nouvelles peines.

On m'avoit saignée le matin, & je m'endormis une heure aprés. Je me souviens que pendant mon sommeil, je fus tourmentée par des rêves funestes, qui sans doute me donnerent beaucoup d'agitation, puisque ma playe se r'ouvrit, & que je perdis presque tout mon sang; la foiblesse où me mit la perte de mon sang, chassa le sommeil ; je me réveillay froide, mais mourante, & sans sçavoir même, ny où j'estois, ny à quoy je devois mon mal, mes foibles yeux ne pouvoient soûtenir la lumiere; un moment aprés, autant que j'en pus juger, j'entrevis une lueur de flambeaux, on fit aprés des cris affreux dont je ne distinguay que le bruit, je ne sçay plus ce que je devins; mais je me trouvay dans un autre lit que le mien avec quelques femmes qui s'empressoient au tour de moy; ma foiblesse estoit si grande, qu'à peine pouvois-je supporter la lumiere des flambeaux qui éclairoient la chambre dans laquelle j'estois, deux jours aprés devenant

nant plus forte, par le secours que l'on me donnoit ; je demanday pourquoy l'on m'avoit tiré de l'estat où j'estois, & chez qui je me trouvois alors? vous en serés informée, me répondit-on, quand vôtre santé sera plus rétablie, en attendant, soyez sans inquiétude, le Maistre de ces lieux vous respecte, & vous n'avez rien à craindre.

Je pressay vainement ceux qui me parloient de m'en apprendre davantage ; & j'attendis avec impatience la fin de mon avanture ; cependant les remedes & ma jeuneſſe me mirent bien-toſt en eſtat de me lever. Je me promenois quelque fois ſur une terraſſe dont la vûë donnoit ſur un vaſte jardin. Je rêvois en cet endroit au caprice de la Princeſſe que je penſois me retenir encore, ſans me le faire dire, aprés m'avoir témoigné tant de chagrins du paſſé.

Un jour que je me promenois ſur cette terraſſe, ſoûtenuë d'une des femmes qui me ſervoient; je la priois de me dire ce qu'elle ſçavoit de mon avanture. Tormez parut tout

d'un coup sur la terrasse, &
se jettant à mes genoux avec
un air de passion, qui n'avoit
plus rien de vain. Sortez
d'inquiétude, belle Parmenie, me dit-il; c'est moy qui
vous tiray de l'endroit où
vous estiez; c'est moy qui
frémis de l'estat où je vous
trouvay, ô Ciel! pourquoy
dans ces momens, ne pûtes-
vous voir toute ma douleur?
la vûë de ce sang précieux
que vous répandiez, & dont
la terre estoit baignée, pensa pour jamais finir mes jours,
que le souvenir de ce sang,
dont j'ay conservé le reste,

efface de vôtre ame cette aversion funeste que j'avoüe avoir meritée; je ne suis plus digne que de pitié, je vous la demande, Madame. Helas! peut-estre vous rendra-t'elle sensible à ma tendresse.

Ah Ciel! m'écriay-je alors, quoy toûjours des peines, Tormez je n'aime point la vie que vous me conservez, je regrette la mort dont vous m'avez sauvée, mais si vous voulés, que malgré ma tristesse, je vous sçache quelque gré du secours que vous m'avez donné, & qu'un soin seulement genereux vous interesse aux jours d'une malheureuse, dont le cœur n'est ouvert qu'à la douleur, qu'elle sensibilité pouvez-vous esperer de moy? Helas! l'amour peut-il trouver place dans une ame que le chagrin occupe toute entiere. Ah! répondit-il, ce chagrin ne tire sa force que de l'amour; c'est l'amour qui s'oppose au retour que je vous demande, sans luy, sans Meriante... Non, luy dis-je en l'interrompant, vous estes dans l'erreur; je n'aime point Meriante, un sentiment d'estime que j'avois pour luy, m'arracha les paroles que je prononçay devant vous à la Princesse. Non Tormez, je ne suis sensible qu'à l'esperance de finir bien-tost une vie infortunée. Eh bien! Madame, dit-il alors, je ne vous parleray plus de Meriante, & je borne mes desirs, à la douleur de vous voir, à la consolation de vous dire que je vous aime; consentez-y, Madame, le temps peut-estre achevera le reste. Eh quoi! répondis-je, auriez-vous résolu de me retenir icy? Tormez; ah! m'écriay-je, ne rendez point insupportable une vie que vous m'avez conservée ; je vois bien, dit-il à ce discours, qu'en vous délivrant de la jalousie de la Princesse, je ne vous ay fourny que l'occasion de faire encore éclatter vos mépris pour moy ; cependant si la Princesse découvre que c'est à moy à qui vous devez vôtre liberté ; je suis sans doute exposé à sa colere, & malgré les dangers que je cours, je vois que je n'ay servy qu'une ingratte, qui n'use de la vie que je luy rends, que pour me faire détester la mienne;

mais Parmenie, songez que mon cœur n'est pas moins vif que celuy de la Princesse, épargnez-vous les mouvemens que peuvent m'inspirer vos mépris. Dans l'estat où je suis, répondis-je, je ne crains point les mouvemens que vous me faites envisager; mais Tormez, puisqu'enfin il faut que je vous ouvre mon cœur; sur quel service fondez-vous le retour que vous me demandez? vous m'avez sauvé la vie; mais, pour qui me l'avez-vous sauvée? suis-je libre? puis-je à mon gré disposer de ma destinée? pen-
sez-

fez-vous que je doive vous avoir obligation d'un secours, dont je ne tire, pour tout fruit, que celuy de me voir en butte à de nouvelles contraintes? & quand vous me menacez de vos fureurs, vous imaginez-vous qu'elles puissent intimider une infortunée à qui la vie est importune? Non Tormez, ne vous flattez point, si vous me mettez en liberté de faire ce que je voudray, je ne suis point ingratte, & ce procedé genereux vous asseurera à jamais de toute mon estime, peut-estre, même un jour ; car malgré ma répugnance, je puis changer, peut-eſtre, cet eſtime fléchira-t'elle mon cœur à d'autres ſentimens. Je n'ay point de diſpoſitions, me dit Tormez, à m'en fier aux ſéduiſans diſcours d'une artificieuſe, qui ne feroit point avec moy ſon apprentiſſage de mauvaiſe foy ; je ne ſçay point, non plus, tant approfondir les motifs du ſecours que je vous ay donné ; vous ne ſeriez plus ſans moy, je vous aime, j'exige un peu de retour, & quand vous me le refuſez, je ne vois de vôtre côté qu'une ingratitude affreuſe, & du mien, que le droit de concevoir un juste dépit, des effets duquel vous n'aurez à vous plaindre qu'à vous même, si vous me forcez à le faire éclatter. Ce n'est pas que je n'avoüe qu'il vaudroit mieux renoncer à vous; mais, c'est un effort dont mon cœur n'est plus capable, & dans la situation où vous me mettez, il n'est point d'homme que vous ne rendissiez furieux, s'il vous aimoit autant que je fais. Ce discours de Tormez m'accabla, j'éprouvay des maux qui m'étoient inconnus, & je ne trouvay point de tourment préférable à celuy de voir, sans cesse devant mes yeux, un amant odieux, qui dans la rage de ne pouvoir se faire aimer, joignoit à l'aversion que j'avois deja pour luy des manieres & des actions capables, mêmes, d'éloigner l'amour du cœur le plus prévenu. Le secours que tu te vantes injustement de m'avoir donné, luy dis-je, outrée contre luy, est un secours pour moy si haïssable, que qui me rendroit à l'estat dans lequel tu m'as trouvé, m'en apporteroit un que toute la reconnoissance dont je suis capable, ne pourroit luy payer; juge donc, barbare, de la difpofition de mon cœur pour toy ; tu peus, dés à préfent, exercer toute ta rage, je ne changeray point; tu m'as arraché des bras de la mort, dans un temps auquel un feul inftant de plus, fuffifoit pour me priver à jamais du jour ; ou bien la mort dont tu m'as fauvée, ou quelque hazard moins impoffible que le premier, m'affranchira de ton pouvoir. Aprés ce difcours, je me retournay d'un autre côté, ne voulant plus l'entendre. En attendant donc, répondit-il avec emportement, ou cette mort, ou ce hazard dont vous vous flattez, cruelle Parmenie, j'auray toûjours le plaisir de me vanger de vos mépris, en me présentant sans cesse à vos yeux. Il me quitta là-dessus, & je fus me remettre au lit, j'y passay le reste de la journée à verser des larmes. Funeste beauté ! disois-je, pourquoy tiens tu contre des maux infinis ? la douleur & le chagrin ne pourront-t'ils te détruire ?

Deux jours entiers se passerent, sans que j'entendis parler de rien : mais vous estes sans doute impatient de sçavoir ce qui s'estoit passé à la Cour depuis mon ravissement, & comment Tormez avoit appris l'endroit où j'étois.

Tout le monde, comme je l'ay dit, attribua la mort de mon pere au coup de quelque bras ennemy ; & voilà comment Tormez sçût de mes nouvelles. Il courut pour me témoigner son chagrin sur cette mort ; & la Princesse affligée de la triste avanture de mon pere, & qui n'avoit plus envie de me faire aucune violence au sujet de

Tormez, luy fit dire pour s'en débaraffer tout d'un coup, qu'on ne fçavoit ce que j'eftois devenuë depuis que mon pere eftoit mort; qu'elle avoit envoyé par tout pour me chercher, & qu'on n'eftoit pas venu encore luy en rapporter des nouvelles; qu'au refte elle eftoit au défefpoir de la violence qu'elle m'avoit faite en fa faveur, que fans doute je m'eftois bannie pour fuir à la neceffité de l'époufer, que j'avois craint qu'on ne m'impofa.

A cette nouvelle, Tormez qui, comme je vous l'ay fait

remarquer, se sentoit par un caprice de cœur une passion infinie pour moy, fut accablé de tout ce qu'on venoit de luy apprendre ; il quitta celle qui luy parloit ainsi ; (c'estoit une confidente de la Princesse) avec une pâleur qui répondoit éloquemment ce qu'il auroit pû dire ; & le premier soin qu'il se donna fut de sçavoir si Meriante estoit à la Cour ; il sçût aussi qu'il estoit absent, & personne ne put luy dire où il estoit, vous sçaurez bien-tost ce qu'il estoit devenu.

L'absence de Meriante, &

ma disparition soudaine ne laisserent pas un moment douter Tormez que nous fuyions ensemble pour aller dans quelques lieux éloignez de la Cour, nous unir par des nœuds éternels : Il s'en retourna chez luy absorbé dans un vray désespoir. Ah! j'en mourray, s'écria-t'il en entrant chez luy. Son pere, devant qui il prononça ces paroles, luy demanda ce qu'elles signifioient, & ce qu'il luy estoit arrivé ; il fit à ce vieillard un récit exact & vif de tout ce qu'il venoit d'entendre ; Parmenie fuit, mon pere, luy dit-il; elle fuit avec Meriante, car puisqu'il n'est point à la Cour, & qu'on ne sçait où il est, puisque Parmenie l'aime; le bonheur de mon rival n'est que trop certain. Ah! qu'elle félicité pour luy! que Parmenie est aimable! & que sa fuite allume d'ardentes flâmes dans mon cœur! Parmenie ne sera point ma femme! je m'en estois cependant flatté; en ce moment, peut-estre a-t'elle disposé de sa foy! Ah! mon pere, plus de biens, plus de fortune, plus de dignitez pour moy, si je n'ay du moins le plaisir de la voir encore une fois. Adieu, mon pere, je vais la chercher par tout, il est inutile de m'en dissuader; c'est avancer & précipiter ma mort, que de m'arrêter; envoyez de vôtre côté, Parmenie ne peut estre loin.

Aprés ces discours emportez, il se mettoit effectivement en devoir de partir, malgré les instances de son pere, qui le conjuroit de ne pas désespérer sa vieillesse par le chagrin de le voir sortir en désesperé, pour une recherche inutile; ce bon homme qui n'avoit point d'autre enfant, répandit des larmes de douleur, mais le transport tout récent de Tormez, ne le rendoit sensible qu'à son propre désespoir. Le pere par des marques de la tendresse la plus touchante, tâchoit donc d'arrêter son fils, quand le fils du Seigneur à qui appartenoit le Château dans lequel la Princesse m'avoit fait conduire, entra; il fut touché de l'agitation de Tormez, & de la douleur du pere; les larmes de l'un & l'estat furieux de l'autre l'attendrirent: D'ailleurs, comme la Princesse avoit flatté son pere de m'unir avec luy. Ce pere cessoit de tourmenter son fils, pour l'obliger à m'aller rendre des soins, mais ce fils estoit bien éloigné de l'envie de devenir mon époux, il aimoit ailleurs. Une des filles de la Princesse l'avoit charmé depuis long-temps; leurs cœurs estoient d'accord, & le peu de bien de cette fille avoit fait, que le jeune homme n'avoit encore osé se déclarer à son pere. L'occasion qui sembloit se présenter de pouvoir m'épouser, n'estoit pas une conjecture favorable à l'aveu qu'il souhaitoit de faire à son pere des nœuds qui le retenoient ailleurs; mais il témoigna du moins par la négligence qu'il eut à me voir, que son cœur ne s'accordoit pas avec les vûës d'interests qu'avoit son pere; cependant, comme sa négligence estoit tous les jours une matiere de querelle avec luy; il n'eut point de peine à faire confidence à Tormez de l'endroit où j'estois. Où voulez-vous aller? luy dit-il, vous ne la trouverez point, & pour vous consoler soyez persuadé que Meriante ne fuit point avec elle. Cette

assûrance que ce jeune homme donnoit à Tormez d'un ton de verité, fit que cet amant défolé l'embraffant tendrement & avec tranfport, le conjura de luy apprendre ce qu'il fçavoit de ma deftinée; alors il découvrit à Tormez l'endroit où j'eftois. La Princeffe, ajoûta-t'il, a prié mon pere de luy prêter fon Château, pour qu'il fervit de prifon à Parmenie. Le fujet de cela eft, dit-on, quelque chofe de peu refpectueux, que Parmenie a répondu à la Princeffe; mais j'ay fçû de celle
que

que j'aime, qui est amie d'Hermilie, confidente de la Princesse ; j'ay sçû, dis-je, que le veritable motif de sa colere, est une jalousie qu'elle a contre elle. Parmenie aime Meriante, & en est aimée, & la Princesse a du penchant pour Meriante, & même assez pour se résoudre à l'épouser, s'il répondoit à sa tendresse ; voilà ce que j'ay appris, gardez le secret là-dessus. A mon égard, je ne serois pas fâché que quelqu'un enleva Parmenie ; car mon pere me presse sans cesse de la voir, sur l'esperance que la Princesse luy a donnée, que je l'épouserois ; mon cœur est bien éloigné d'entrer dans cette politique, puisqu'il est engagé ailleurs ; Profitez donc de l'avis que je vous donne, sans me commettre, il ne tient qu'à vous de mettre Parmenie en lieu de sûreté ; peut-estre à force d'amour & de soumissions, l'attendrirez-vous pour vous-même. Vous connoissez le Château dans lequel elle est, elle n'a que des femmes pour gardes ; ainsi il ne vous sera pas difficile de l'enlever, mais je vous le répete encore, que

DE ***

personne ne sçache rien de l'avis que je vous donne ; car vous voyez de quelle consequence cela me feroit, & avec la Princesse, & avec mon pere.

Aprés ces mots, Tormez enchanté de penser qu'il pourroit bien-tost me voir, remercia son amy, luy promit inviolablement le secret, & se promit bien qu'en peu de jours, il me tireroit de l'endroit où j'estois.

Il communiqua son dessein à trois ou quatre hommes dont il se fit suivre, quand il vint au Château ;

comme de jour les portes en estoient toûjours ouvertes, il n'eut pas de peine à y entrer avec ceux qui l'accompagnoient. Comme ils estoient tous armez & masquez, ils effrayerent quelques femmes qu'ils rencontrerent, d'abord elles s'enfuirent; Tormez en arrêta une qu'il força de le conduire dans la chambre où j'estois, & le moment auquel il arriva estoit justement celuy qui alloit décider de ma vie ; les cris que j'avois confusément entendus, étoient les marques de la douleur qu'il ressentit en me voyant en cet estat, il me fit emporter aprés avoir fait bander ma playe, & me conduisit dans la maison d'un de ses parens qui voyageoit, & qui avoit confié ses biens aux soins du pere de Tormez, j'appris toutes ces choses aprés ma conversation avec Tormez, d'une des femmes qu'il avoit mises au prés de moy, pour me servir. A l'égard de Meriante, je vous en parleray bien-tost à la suite de cette histoire.

Deux jours aprés nôtre derniere conversation, Tormez revint me trouver dans ma chambre ; j'eſtois levée, & de ma feneſtre je regardois la campagne, il entra ſans que je m'en apperçûs ; occuppée à refléchir ſur ma triſte deſtinée ; je n'entendis point même les premieres parolles qu'il prononça en m'abordant, il me tira de ma rêverie en ſe montrant, je pâlis en le voyant, il en changea de couleur auſſi. Parmenie, me dit-il, je me meurs de chagrin ; eſtes-vous réſoluë à me haïr toûjours, refléchiſſez-vous ſur vôtre injuſtice, ou vous préparez-vous à ſoûtenir contre moy un barbare mépris ; ne me laissez plus dans une cruelle incertitude, je sens que j'ay besoin d'un peu de retour, pour arrester des mouvemens de désespoir, qui s'élevent dans mon ame. Vous me parlez toûjours de ces mouvemens, luy dis-je, outrée des menaces continuelles dont il accompagnoit ses discours, il est inutile de m'expliquer encore avec vous, vous sçavez ma résolution, la contrainte dans laquelle vous me retenez, ne fera que la fortifier, vous estes incapable d'un procedé gene-

reux; méritez-vous des sentimens plus doux? Enfin Parmenie, me répondit-il, vous me pouſſez à bout, tout mon crime conſiſte à vous demander un peu de retour ; vos injuſtes raiſons envain groſſiſſent ce crime ; je perſiſteray toûjours dans une importunité que la reconnoiſſance devroit vous rendre plus ſupportable. Ne me vantez point tant le ſervice que vous m'avez rendu, repartis-je, en me ſauvant la vie, puiſque vous ne m'en laiſſez pas joüir en liberté. J'allois continuer, quand Tormez
me

me quitta brusquement sans me répondre, & les larmes aux yeux.

Quatre heures aprés, Tormez vint me voir encore, il estoit extrêmement changé, il avoit un air triste & mélancolique. Permettez, Madame, me dit-il, qu'on vous conduise dans une autre maison que celle-cy, on vient de m'informer qu'on me soupçonne de vous avoir enlevée, il faut que j'y paroisse dés aujourd'huy, & que vous demeuriez ailleurs qu'icy, car on pourroit vous y trouver; vous voulez bien que je prenne des mesures contre ce qui pourroit m'en arriver.

Là-dessus, il me quitta sans attendre ma réponse, se doutant bien de ce que je n'aurois pas manqué de luy dire là-dessus. Je vous avoue que ce fut alors que je connus ce que c'estoit qu'un vray désespoir.

On me vint prendre comme Tormez me l'avoit dit, je traversay un jardin, au bout duquel, je montay dans un Carrosse qui m'y attendoit; on me conduisit d'une vitesse extreme, & nous marchâmes prés de neuf heures de temps, nous arrivâmes enfin dans un bois d'une longueur étrange, au bout duquel, des montagnes escarpées s'offrirent à mes yeux, & nous continuâmes nôtre chemin dans des vallons affreux, au milieu desquels nous trouvâmes un Château qui appartenoit encore à Tormez, j'y vis d'abord quelques enfans & nombre de Paysannes.

L'horreur de ces lieux, & leur solitude redoublerent mes peines; il est vray qu'on m'y traita avec tout le respect imaginable.

On me mit d'abord dans

un appartement dont la magnificence sembloit combatre contre la tristesse des lieux, on m'y servit à mes repas, tout ce que l'on peut s'imaginer de plus délicat en viandes, & l'on s'efforçoit de calmer ma mélancolie par de petits concerts que faisoient deux ou trois hommes qu'apparament Tormez avoit fait venir exprés.

Mais tout cela m'estoit odieux, & je n'en avois pas moins un tyran qui malgré l'adoucissement qu'il joignoit à mes fers, sembloit au contraire vouloir les assûrer d'avantage, d'ailleurs je me regardois dans cette maison comme ignorée de Dieu & des hommes, fans secours contre des transports qu'on pourroit faire éclatter, que mes cris, & de foibles larmes.

Trois jours se passerent de cette maniere; aprés lesquels on m'apporta une Lettre de Tormez, mon premier mouvement fut d'abord de la déchirer, mais je fis reflexion que je l'irriterois encore; je l'ouvris donc, & j'y trouvay ces mots.

Me forcerés-vous toûjours à

vous persecuter ? Parmenie, &
le désespoir sera-t'il sans cesse mon
partage ? puisque vostre cœur est
un don que vous ne pouvez me
faire ; consentez de vous unir
avec moy par des nœuds éternels,
je vous suivray par tout où vous
voudrés aller, mes soumissions
& mon respect seront infinis ; &
ce cœur que vous me refusés, s'at-
tendrira sans doute pour un mary. Vous ne me verrés donc plus
poursuivre inutilemeut vôtre cœur;
je comprends que l'inclination ne
se détermine pas, quand on le veut,
mais, je ne demande que la certitude de ne vous voir jamais à
d'autre qu'à moy ; faites - donc

reflexion sur ce que je vous écris, Parmenie, ne songez plus à Meriante, il est mort attaqué d'une maladie ; la Princesse transportée de haine contre vous, vous fait chercher par tout, ainsi déterminez-vous là-dessus ; j'attend vôtre réponse avec toute la tendresse & l'impatience imaginables.

Le cruel ! m'écriay-je alors, & comment luy donner ma main, si mon cœur ne la suit ? pense-t'il que cet engagement ne me coûte rien ? Ah Ciel ! il veut que j'épouse l'objet de mon aversion ; qu'elle proposition, grand Dieu ! en est-il de plus affreuse, m'unir à luy par des liens éternels ; malheureux, songes-tu que cette situation est un supplice que toute la cruauté des hommes ne sçauroit égaler? Helas! mes peines jusqu'icy ont affligé mon cœur, sans le captiver ; j'en ay gémy, j'ay pû le faire ; mais ô Ciel! il ne me seroit plus permis de me plaindre, chaque soupir seroit un crime ; non, quoy-qu'il en arrive, c'est un degré d'infortune qu'il est encore en mon pouvoir, de m'épargner. Ah! mes maux sont assez grands, sans y joindre celuy de n'oser m'en plaindre. Partez, continuay-je en parlant à celuy qui venoit de m'apporter la Lettre, dites à Tormez que je suis sa victime, qu'il invente de nouveaux tourmens, & que j'ose le défier d'en imaginer un pareil à celuy qu'il me propose comme un bien.

Cet homme partit, & me laissa telle que vous pouvez penser. La vie me parut un fardeau importun, je ne mangeay presque plus que pour me soûtenir, je passois les nuits dans les larmes, & le sommeil qui suspendoit quelque fois ma douleur, estoit accompagné de songes si affreux, que je craignois d'en estre accablée. A chaque moment j'attendois l'arrivée de Tormez, & je souhaitois que ma mort le prévint ; car enfin, où il faloit épouser cet homme, ou m'exposer, peut-estre à quelque chose de plus fâcheux ; car à quoy n'engage pas une passion furieuse & méprisée.

Mais les Dieux eurent enfin pitié de moy, & m'atracherent des mains de Tormez par un accident assez singulier.

L'Amour me retenoit captive ; l'Amour me rendit la liberté.

Un de ceux qui estoient

dans cette maison en conçût pour moy, soit à cause d'une beauté funeste, soit à la vûë d'une douleur vrayement digne de compassion : cet homme estoit le fils du Concierge de la maison, jeune, trés-bien fait, d'une phisionomie douce, & peut-estre d'un caractere digne d'assortir la condition d'un Prince, comme vous en jugerez vous-même.

Ce jeune homme me vit baignée de larmes un jour que je me promenois dans le jardin de la maison, il examinoit quelques arbres, &

n'ofoit m'aborder, par une crainte tendre & refpectueufe; mais fans y penfer j'approchay de luy, il me falua, & voyant mes yeux baignez de pleurs; eft-il poffible, Madame, que nous vous verrons toûjours plongée dans la douleur? me dit-il, vous attriftez tout le monde icy, & l'on ne peut voir une perfonne comme vous dans le chagrin, fans eftre touché; pour moy, je ne puis vous dire, combien je le fuis, & je vous affûre, Madame, que pour vous rendre contente & fatisfaite, il n'eft rien que je n'aye le courage de faire, je crois même que je perdrois volontiers la vie ; il joignit à ces mots des regards tendres que je remarquay, mais malgré cela, ces mots me consolerent, & les Dieux permirent sans doute que j'y fisse attention. Helas! luy répondis-je, je ne demande que ma liberté, ce seul bien me rendroit contente. La liberté me répondit-il, comme en rêvant ; comment faire ; je voudrois bien vous la rendre, mais sans danger pour moy ; car Tormez vous aime avec passion, & sans doute il m'ôteroit la vie, s'il sçavoit que ce fut par moy que vous fussiez libre, mais, Madame, écoutez, il me vient une pensée, que vous pourrez seurement sortir d'icy. Ah Ciel ! m'écriay-je alors, les Dieux t'inspirent ; jeune homme, sois persuadé qu'aprés avoir fait une si grande action de generosité, ils te combleront toute ta vie de leurs faveurs, j'accompagnay ces mots du présent d'une bague d'un prix considerable, & luy dis, ouvre moy ta pensée.

Voilà, me dit-il alors ce

que j'ay imaginé, vous voyez bien, cette tour qui est au bout du jardin, au bas est une petite porte dont j'ai sur moi la clef, cette petite porte donne dans un soûterrain profond ménagé sous la tour, mais dont la longueur s'étend bien, autant que je puis juger, à cent pas du Château, c'est comme une voute. Le seul moyen que je sçache pour vous sauver, sans qu'on devine ce que vous estes devenuë, est de vous enfermer dans ce soûterrain jusqu'à la nuit, à une certaine heure; j'auray soin de sortir du Château, & pour cela je n'auray qu'à fauter de ma feneftre dans le jardin, elle n'en eft qu'à fix ou fept pieds, j'iray vous ouvrir la porte de la tour, & nous fortirons enfemble par une autre porte du jardin, qui donne dans la campagne ; aprés cela, Madame, vous difpoferez de moy, comme vous voudrés, & je vous accompagneray par tout.

Quelque extraordinaire que dût me paroiftre cet expedient, je le trouvay excellent; dans un grand malheur on faifit, pour en fortir, tout ce qui fe préfente.

Nous

DE *** 161

Nous sommes seuls à présent, luy dis-je, personne ne m'a suivie; profitons de ce moment, & mettez-moy dans ce soûterrain; mais, Madame, me dit-il, au moins soyez sans frayeur dans cet endroit, & marchez en assûrance jusqu'au bout, vous y trouverés un siege de marbre sur lequel vous vous reposerés, en attendant que je revienne.

Aprés ces paroles, sans perdre de temps, il me conduisit à la petite porte, & regardant de tous côtez à travers les arbres dont le jardin estoit plein, si personne ne venoit, il m'enferma dans ce soûterrain où regnoit une obscurité effroyable. La joye que me donnoit l'esperance d'estre bien tost en liberté, me fit avancer d'un pas assûré jusqu'au bout du soûterrain; je rencontray le siege comme ce jeune homme me l'avoit dit, je m'y assis.

A peine m'y fus-je mise, que l'horreur de ce lieu me fit faire les plus tristes reflexions. Où suis-je ? grands Dieux, m'écriay-je, quelles nouvelles allarmes saisissent mon cœur! j'ay remarqué que ce jeune homme m'aime ; le seul amour peut faire entreprendre ce qu'il fait pour moi; il me rendra ma liberté, mais ô Ciel ! en joüiray-je? & des mains de Tormez, du moins jusqu'icy respectueux, ne retomberay-je pas entre les mains d'un homme de vil naiſſance qui n'aura le frein ny de l'éducation, ny de l'honneur?

Ces penſées me firent frémir, je me repentis presque de ma facilité ; cependant il y avoit bien trois heures que mon esprit s'égaroit dans ces allarmes, quand j'entendis comme un bruit sourd sur ma teste, je prêtay l'oreille pour sçavoir ce que c'estoit, à chaque instant ce bruit redoubloit ; enfin il devint si violent, & je l'entendis si prés de moy, que je ne doutay point que je n'en sçus incessamment la cause, je pensois juste, deux grandes pierres de la voute de la grote tomberent par bonheur auprés de moy ; le jour éclaira l'obscurité de la grote, & levant les yeux, j'apperçûs deux hommes qui sauterent avec chacun une bêche qu'ils tenoient ; vous pouvez juger quel fut leur surprise de trouver en cet endroit une femme comme moy, car j'estois assez magnifiquement habillée ; d'abord, ils eurent quelque frayeur, mais d'une voix foible, je les rassûray, en les priant de me secourir. A peine prononçai-je ces mots, que je vis Tormez, qui un flambeau & un poignard à la main; & de l'autre le fils du geollier s'avançoit vers nous, ces hommes le virent les premiers. Ah! m'écriay-je alors ; voicy mon ennemy, veuillent les Dieux que vous m'en délivriez!

A ces mots, Tormez s'arrêta de frayeur, & lâcha le fils du Geollier qui recula : mais ces hommes luy voyant un poignard à la main,& craignans sans doute plus pour leur vie que pour la mienne,ils jugerent bien que Tormez auroit le temps de les percer,s'ils prenoient le party de repasser par le trou qu'ils avoient fait, c'est pourquoy ils s'avancerent avec leur bêche à la main.

Tormez qui n'en avoit vû qu'un, perdit courage à la vûë d'une avanture si surprenante; il reculé en se mettant toutefois en défense avec son poignard; mais d'un coup du trenchant de la bêche un de ces hommes le blessa mortellement, & le renversa par Terre; ils se hâterent aussitost de sortir, & peu s'en fallut, que dans leur desordre, ils ne me laissassent dans la grote; mais les retenant de mes bras (car Tormez faisoit des cris de furieux) les retenant, dis-je, de mes bras pour les engager à m'emporter avec eux, un des deux touché de mes prieres & de mes larmes, persuada à son camarade de l'ayder à m'enlever, ils me prirent, le grand air que je respiray d'abord aprés avoir esté enfermée dans un lieu où l'on en recevoit point, m'ébloüit, je ne pouvois me soûtenir ; ils avoient deux chevaux attachez aux deux arbres de la Forest, car ce lieu en estoit une ; ils me mirent sur un, & s'en retournerent le plus viste qu'ils purent chez eux.

Je restay donc chez ces hommes qui estoient de simples Paysans qui gagnoient leur vie à vendre aux Villages prochains le bois qu'ils coupoient dans la Forest ; mes habits

habits leur perfuaderent aifément que j'eftois une perfonne de diftinction, ils regarderent même mon avanture comme un fûr témoignage que dans les fuites la peine qu'ils avoient prife feroit bien récompenfée; dans cette penfée, ils me traiterent le plus honneftement qu'il leur fut poffible.

A la fin du jour, qu'elle fût ma furprife! quand je vis le fils du Geollier, qui defcendant de cheval, pria ces Bucherons de luy donner retraitte jufqu'au lendemain ; j'eus quelque frayeur de le voir, parce que je luy avois connu de l'amour pour moy, il m'apperçut & vint avec joye me temoigner le plaisir que luy avoit donné ma fuite. Et voicy comment il me dit que Tormez vint dans le soûterrain. Deux heures aprés vous y avoir enfermée, Madame, Tormez arriva & monta dans vôtre chambre pour vous voir, ne vous y trouvant point, il descendit & parcourut le jardin inutilement ; il revint allarmé, furieux, & vous demanda à tous ses domestiques; pas un seul ne put luy dire de vos nouvelles. Ah Ciel! s'écria-t'il, quelque lâche, quelque traître parmy vous a trahy son maître, & a caché sans doute Parmenie. Ah cruelle! vous confiez vôtre sort à un vil domestique, plûtost que de récompenser la tendresse d'un homme tel que moy.

Aprés ces mots, il voulut qu'on luy donnast toutes les clefs de la maison; chacun luy apporta celles qu'il avoit, je luy donnay celles du jardin que j'avois toûjours; il en manque une, me dit-il, donné-moy celle du soûterrain de la tour, je veux visiter tout, & si je ne retrouve point Parmenie, vôtre sang à tous me vangera de sa fuite. A la demande qu'il me fit de la clef du soûterrain, je changeay de couleur, je croy qu'il s'en apperçût, je l'ay perduë, Seigneur, luy dis-je, n'osant pas luy donner ; tu l'as perduë ? me répondit-il, en tirant son épée avec colere, rends-la moy sur le champ, traître, ou tu meurs ; en prononçant ces mots, il me tenoit la pointe de son épée sur la gorge, la crainte me saisit, je luy donnay cette clef, & la difficulté que j'avois faite de luy rendre d'abord, ne luy laiſſa pas douter un moment que vous n'y fuſſiez; viens traître, me dit-il alors en prenant un flambeau ; viens, ſuis-moy, & que l'ingratte en te voyant rougiſſe de la confiance qu'elle eût à un malheureux qui peut-eſtre l'eût outragée: Suis moy.

Là-deſſus, il me ſaiſit & me force de marcher avec luy, il ordonne aux autres de ne le pas ſuivre, il ouvre la porte du ſoûterrain, & reçût un coup mortel de ceux qui s'y trouverent avec vous.

Pour moy faifi de frayeur, à mon tour, je courus avertir mon pere & les autres domeſtiques de l'accident ſurprenant & funeſte qui venoit d'arriver; ils allerent tous relever leur maiſtre, qui tout mourant qu'il eſtoit, expiroit plus d'amour & de déſeſpoir que du coup mortel qu'on luy avoit porté, il ordonna qu'on m'arreſtaſt, & qu'on courût aprés vous; mon pere alors ſe hâta de me faire partir; va malheureux, me dit-il, parts, fuis la colere de Tormez, prens cet argent & diſparoiſts; je le fis, & prenant le premier chemin qui s'offroit, je suis arrivé ce soir icy; comme la nuit vient, & que je ne connois pas le Pays, j'ay jugé à propos de m'arrester dans cette maison, & je bénis le Ciel de vous y avoir aussi fait arriver pour vous mettre à l'abry des fureurs de vôtre ennemy, je suis comme a dit Tormez le fils d'un vil Geollier, mais enfin, Madame, je sens que je vous souhaite dans le cœur plus de bonheur qu'à moy-même, & que je risquerois encore ma vie pour vous le procurer, je suis bien malheureux de ne pouvoir rien pour vous, que vous offrir tous mes services.

Aprés ce discours, ce jeune homme me demanda chez qui j'estois, & je luy appris que j'estois chez mes liberateurs. Ah ! Madame, me répondit-il, souffrez que je vous suive ; c'est pour moy le bonheur le plus grand. Non, repartis-je ; non, je vous le deffends, je manquerois de reconnoissance, si je vous le permettois, le malheur me suit. Eh bien ! Madame, repliqua-t'il, je feray plus content d'estre malheureux à vôtre suite, qu'heureux ailleurs; il infifta encore, mais je luy répondis toûjours que je ne le voulois pas, que je l'eftimois, & que je priois le Ciel de le partager fuivant la generofité de fon cœur. Je l'obligeay à partir le lendemain; au moins, Madame, me dit-il, que je fçache avant de partir, fi vous eftes contente de moy, & fi vous ne m'avez jamais haï, à caufe que je fervois Tormez; je mourrois de chagrin fi je vous avois déplû.

A cette demande, j'admiray la bonté du cœur de ce

jeune homme, qui avec tout l'amour possible qu'il expliquoit à sa maniere, avoit en même temps une si tendre docilité, tant d'obéïssance à mes ordres, que je fus comme maistresse de son sort; non luy dis-je, je ne vous ay jamais haï, vous n'estes point fait pour cela ; d'ailleurs vous ne m'avez fait que du bien, je vous le répete encore, j'ay de l'estime & de l'amitié pour vous, & je m'interesse veritablement à vôtre sort. Adieu genereux jeune homme, que la vertu vous accompagne toûjours; aprés que je luy eûs dit ces derniers mots, il partit, & je ne le revis plus.

Vous estes sans doute curieux de sçavoir par quel hazard j'avois esté tirée du soûterrain, mes Paysans l'estoient aussi de sçavoir pourquoy je m'y estois trouvée, je leur appris là-dessus ce que je jugeay à propos de mon histoire, en leur cachant cependant mon nom & celuy des personnes qui y avoient part ; ils me demanderent d'où j'estois, & la crainte que j'avois de retomber entre les mains de Tormez, me détermina à leur celer aussi ce que j'eſtois, j'ignore, leurs dis-je, le nom de mes parens, & le lieu de ma naiſſance ; je fus enlevée de chez mon pere dans mon enfance, depuis ce temps mille accidens me ſont arrivez, qui m'ont enfin conduite au malheur de tomber entre les mains de celuy dont vous m'avez deffenduë ; il n'eſt cependant pas juſte que vous m'ayez ſervie ſans eſtre récompenſez, il me reſte une bague & un collier de prix que je vous donne ; en diſant ces mots, je leur préſentay l'un & l'autre ; je ne me réſerve là-deſſus, ajoûtay-je, que la valeur d'un simple habit d'honneur que je vous prie de m'acheter, je le mettray pour cacher un sexe qui m'attireroit de nouveaux malheurs.

Ces hommes me promirent tout ce que je voulus, & tinrent aussi fidelement leur parole; il vendirent les bijoux dont la valeur estoit un vray trésor pour eux, ils m'acheterent aussi tout l'habillement d'un homme, & pousserent par reconnoissance la generosité, jusqu'à me donner un cheval que je ne leur demandois pas, mais voicy de leur côté ce qu'ils m'apprirent.

Un de nous deux, me dirent-ils ; en déracinant un arbre hier au foir, trouva quelques piéces d'argent, il vint m'en avertir, & nous jugeames à propos de bêcher plus avant, dans l'efperance d'en rencontrer d'avantage ; il y a fans doute, difions-nous quelque tréfor caché dans cet endroit, avant qu'un autre nous l'enleve, prenons de juftes mefures pour l'avoir ; aprés ces mots, nous réfolûmes dés le lendemain d'y retourner avec chacun une bêche.

Nous avons donc travaillé à creuser la Terre, & aprés nombre de coups de besche, nous avons senty quelque chose qui nous résistoit ; vous pouvez juger que cela n'a fait que nous exciter davantage à continuer ; enfin nous avons vû que ce qui nous résistoit estoit une pierre de taille, je ne doute point, ay-je dit à mon camarade que ce ne soit icy l'endroit où le trésor est enfermé, travaillons à lever les pierres; nous l'avons fait tous deux avec certitude d'être bien-tost récompensez de nôtre peine ; mais lorsque les pierres ont esté ébranlées, elles sont tombées dans le soûterrain où vous estiez ; le jour nous a fait voir que tout estoit bâty de pierre de taille. Quoique surpris de cette profondeur, nous sommes passez dans le soûterrain, & vous sçavez le reste. O Ciel ! m'écriay-je, que tu confonds par des coups bien surprenans, les injustes actions des hommes. Tormez est puny de la violence qu'il me faisoit, dans le temps où sans doute il croyoit avoir le moins à craindre, & je suis délivrée comme

comme dans les entrailles de la terre dont m'arrachent des efforts inspirez & conduis par des ressorts tous divins. Quand j'eus un habit d'homme, je quittay mes Paysans, il estoit impossible de me reconnoistre dans la figure où j'estois, & ce ne fut point aussi cet accident que j'appréhenday le plus.

Mais il est temps à présent de vous parler de Meriante, la Princesse l'avoit laissé dans la chambre où il s'estoit évanoüy; dés ce moment il tomba dangereusement malade. Pour avoir la liberté de le voir quelque fois, & dans l'allarme qu'elle eut pour ses jours, elle le fit conduire à un quart de lieuë du Palais, dans une de ses maisons de plaisance; & tout cela se passa presqu'en même temps qu'on me conduisoit à mon Château.

Elle ne fut pas plûtost informée de l'accident tragique qui fit mourir Adislas mon pere, que dans les premiers momens du chagrin qu'elle en eut, elle fit des reflexions qui tendoient toutes à ne plus troubler l'amour qu'elle s'imaginoit que nous avions l'un pour l'autre Meriante & moy : mais la tendresse pour ce jeune homme fut encore victorieuse; elle ne put se déterminer à le perdre avant d'avoir tenté de nouveaux efforts; elle me laissa donc prisonniere, se flattant peut-estre que le fils du Seigneur chez qui je demeurois, me plairoit, & que d'ailleurs je me résoudrois à l'épouser pour regagner sa bien-veillance.

Tout cela n'arriva pas, ce fils ne me vit qu'une fois, l'incertitude du sort de mon pere me fit tomber malade,

Meriante l'eſtoit toûjours, elle le venoit voir quelquefois ſecretement accompagnée ſeulement d'une de ſes filles ſa confidente; & cette Princeſſe n'oublia rien de ce qui pouvoit toucher Meriante, & le rendre ſenſible; la connoiſſance qu'il avoit de ſon vieux caractere vif l'inquieta pour moy; il demanda où j'eſtois; Meriante, luy répondit-elle uſant d'artifice, elle eſt dans le train de ſe marier avec un autre, apparament qu'elle n'eſt point auſſi digne de vôtre tendreſſe que vous le penſez, elle ne parle point de vous, n'y songe pas, & mon amour pour vous veut se déterminer à tout malgré le rang qui nous sépare ; si je puis me flatter que vous m'aimerez ; n'estes-vous pas fatigué de voltre indifference pour moy ? songez combien ma fierté a souffer-te avec vous, ma tendresse n'a rien laissé à faire; j'en rougis, mais tel est mon malheur de connoistre, de sentir toute ma foiblesse & ma honte sans pouvoir en profiter ; revenez Meriante d'un aveuglément que la raison condamne ; je vous donne mon rang, je ne manque ny de jeuneſſe ny de beauté, je n'ajoute pas à cela que je vous aime, ma foibleſſe à vôtre égard en eſt un témoignage, qui en me faiſant rougir, devroit vous rendre ſenſible; comparez le ſort qui vous attend avec celuy qui... Meriante l'interrompit à ces mots; mais Madame, luy dit-il, ſi la raiſon gouvernoit le cœur, malgré mon amour pour Parmenie, fut-elle pour moy auſſi ſenſible que vous l'eſtes, m'oſtrit-elle ſa main, ſans doute vous l'emporteriez ſur elle; je vois tous les avantages dont je joüirois avec vous, mais je les vois même sans aucune envie; je sens que je meurs, si je ne vois Parmenie, son absence, l'incertitude de ce que vous en avez fait, je ne vous cele point, que j'en ay, m'inspirent une douleur qui va finir mes jours; n'exigez plus Princesse de retour d'un malheureux, dont le cœur par son étrange foiblesse, n'est plus digne du vostre; cette raison dont vous parlez, servez-vous en pour m'abbandonner avec indifference à tous mes malheurs; vangez-vous

par un mépris légitime. Ah cruel! repartit la Princesse, vous me renvoyez aux tristes conseils d'une raison dont vous devriez profiter plus que moy; mais enfin c'en est fait, c'est assez signaler ma honte & ma jalousie, ma passion, si je l'écoutois auroit des suites dangereuses, mon cœur n'auroit pas franchy les loix de sa fierté pour s'en tenir à gémir; je surmonte toute cette passion, j'en mourray, mais du moins avec la consolation d'avoir arresté peut-estre des fureurs; & de ne vous avoir fait encore que
des

des maux legers. Puifque la vûë de Parmenie vous eft neceffaire pour éviter la mort. Soyez content, Meriante, vous la verrez, je ne vous le cache point, je la retiens prifonniere dans un endroit qui n'eft pas éloigné d'icy, fa peine eft bornée à l'ennuy de fa prifon ; il eft vray que le fils d'un des Seigneurs de ma Cour devoit luy rendre de fréquentes vifites, j'efperois que Parmenie fe détermineroit à l'époufer, je luy avois fait dire, mais elle a toûjours réfifté ; d'ailleurs la mort de fon pere l'a jettée dans une situation si triste, qu'elle en est malade. Helas ! malgré mon amour & ma jalousie; elle m'a fait pitié ; j'ay esté la voir, je l'ay consolée, je luy ay promis la liberté & mon amitié (car mon cœur incertain a toûjours jusqu'icy flotté entre l'amour & la honte) mais enfin je veux signaler cet amour par un coup avantageux qui répare les traverses que vous avez souffertes de ma part.

Aprés ces mots, la Princesse le quitta, & donna ordre qu'on le transporta le lendemain dans l'endroit où j'eſtois, c'eſtoit ſincerement qu'elle réſolut cette fois de ne nous plus contraindre ny Meriante, ny moy.

Les ordres de la Princeſſe furent executez; on tranſporta Meriante au Château, Tormez venoit de m'en enlever, & l'allarme eſtoit encore ſi récente dans la maiſon, que ceux qui conduiſoient Meriante, firent entrer la litiere dans laquelle il eſtoit porté ſans rencontrer perſonne; ils monterent en ſoûtenant le malade; ils traverſerent quelques chambres, dans leſquelles ils rencontrerent des femmes fuyantes épouvantées qui se remirent de leur frayeur, quand on leur eut dit que c'estoit de la part de la Princesse qui ordonnoit que Meriante vit Parmenie. Helas ! vous n'avez qu'à y entrer ; la voicy, répondit une d'entr'elles ; & vous verrés le sujet de nos frayeurs. Meriante à ces mots sent palpiter son cœur, il entre ; quel spectacle pour luy! le sang que j'avois répandu ruisseloit jusqu'à terre, les draps du lit en estoient baignez ; j'y avois laissé un mouchoir ensanglanté ; à cet aspect, le désespoir rend à Meriante des forces que la maladie luy avoit ôtées, il se jette d'abord à terre dans mon sang, se saisit du mouchoir qu'il prend à sa bouche. Ah Ciel! s'écrie-t'il; comment les Dieux ont-ils permis qu'on ait versé ce sang ? sang précieux, qui coulâtes dans les veines de Parmenie, on vous a répandu ? vous inondez à présent la Terre, & ces lieux n'ont point esté foudroyez, & la Princesse vit encore ? car il s'imagina alors que la Princesse sous une feinte douleur, luy avoit reservé ce dernier trait de fureur. Ceux qui l'avoient conduit, emûs de compassion, pour ce qu'il souffroit, & versant presque des larmes au triste spectacle dont gémissoit Meriante, voulurent l'arracher de cette chambre; les femmes de la maison luy crierent en vain, que ce sang ne pouvoit venir que d'une saignée qu'on m'avoit faite, & qui s'estoit apparamment r'ouverte; il est vray qu'on nous l'a enlevée, ajouterent-t'elles, mais nous ne croyons pas que ceux qui l'ont enlevée, ayent pû verser son sang.

Mais Meriante, prévenu de la jalousie de la Princesse, n'écoutoit rien, & quand on voulut le tirer de la chambre ; retirez-vous malheureux, dit-il, monstres de la nature, vous n'avez ny le cœur ny le sentiment du moindre des barbares, le sang de Parmenie, si vous estiez hommes, vous feroit verser jusqu'à la derniere goute du vôtre. Parmenie est morte ! C'est donc là, cruelle Princesse le spectacle dont tu t'attendois de repaistre mes yeux ? ce sont donc-là les épouventables effets de cette honte qui devoit me rendre heureux? cher sang, par quelle infernale pensée à-t'on pû s'imaginer, qu'en te voyant, je pûſſe garder encore quelque ménagement pour ma vie. Ah! de quels miniſtres s'eſt-on ſervy pour te répandre? comment n'ont-ils point eſté glacez, & d'horreur & d'effroy? qui leur a fourny des forces pour ſortir, aprés ce coup terrible? mais; pourquoy perdre en cris ſuperflus des momens dont je puis mieux profiter? vous ne m'aimâtes jamais, chere Parmenie? vôtre modeſte indifference me fit du moins supporter patiamment le malheur de ne vous point plaire. Helas! vous ne vous attendiez pas que jamais Meriante fut réduit à la triste douleur d'unir son sang au vôtre. Qu'elle union! justes Dieux, qu'elle union! dont le transport & la fureur composent tout le charme!

Aprés ces mots, il cherche son épée, sans penser qu'il est sans armes, ne la trouvant point, il se jette encore à terre, là il apperçoit un morceau de verre qui se trouvoit là par hazard; son ingenieuse douleur lui fait saisir ce verre, en cachant son action, & luy en apprend en même temps l'usage; & comme il estoit teint de mon sang, va, dit-il, en s'ouvrant la veine, que le sang dont tu es encore teint, précipite la sortie du mien.

Déja la playe est faite, son sang qui coule augmente les ruisseaux du mien, les ruisseaux en inondent la chambre, ses conducteurs voyent avec surprise la quantité de sang s'accroistre à chaque instant; Meriante ne prononce plus aucune parole; il semble qu'ils craignent de troubler la douleur qu'il goûte à mourir; ses conducteurs qui voyent ses transports calmez, se défient d'un silence qui a quelque chose de terrible; ils s'approchent de luy, sa foiblesse est deja si grande, qu'il ne peut presque plus prononcer une parolle; c'en est fait, dit-il, je meurs, & mon désespoir est satisfait.

A ces mots qui leur présagent quelque chose de sinistre, ils releverent Meriante, & malgré le sang dans lequel il s'est roulé, & qui devoit les tromper, ils apperçoivent la playe qu'il s'est faite au bras; ils s'écrient à cette vûë, tremblans qu'il ne soit plus temps d'y porter remede ; ils se hâtent cependant de la bander le mieux qu'ils peuvent, & sortent avec précipitation de ces funestes lieux, pour remettre Meriante dans la maison de plaisance, & pour avertir la Princesse de ces nouveaux accidens.

La Princesse estoit revenuë pour attendre effectivement le retour de Meriante, & pour gouter la satisfaction de le voir content, ses conducteurs entrerent dans la chambre où elle eſtoit avec Meriante, qu'ils portoient, & dont les habits & le viſage enſanglanté préſentoient un objet effrayant.

A cet aſpect, la Princeſſe pâlit, elle chancelle, une de ſes filles la ſoûtient; cependant les conducteurs de Meriante le mettent ſur un lit, preſque ſans force & ſans vie. La Princeſſe regarde ce jeune homme avec des regards où la douleur eſt peinte, un mouvement de fureur la ſaiſit, contre ceux qui viennent de le rapporter en cet estat, mais la tendre foiblesse que cet estat luy inspire, rallentit cette douleur; qu'avez-vous fait de Meriante? leur dit-elle; est-ce là, malheureux, ce Meriante que je vous ay confié?

L'estat où vous le voyez, répondit un de ces hommes, n'est point un effet de nostre négligence à observer vos ordres, Parmenie n'est plus dans le Château; au lieu d'elle, nous n'avons trouvé qu'un lit dont les draps sont ensanglantez, & une quantité de sang répandu; quand Me-

DE *** 207

riante a vû ce sang, il a esté agité d'une fureur dont nous avons frémy, aussi-tost il s'est jetté dans ce sang, nous nous sommes approchez de luy pour l'en tirer; mais reculant avec une action menaçante, il nous a dit tout ce que le désespoir a pû luy suggerer de plus vif, & s'est encore jetté au milieu du sang, qu'un moment aprés, nous avons esté surpris de voir augmenter à vûë d'œil, nous l'avons relevé; il avoit une playe au bras, qu'il n'a pû se faire qu'avec un morceau de verre, qui estoit encore dans sa main, & dont il s'est sans doute ouvert la veine, sans que nous ayons pû nous en appercevoir; retirez-vous, leur dit la Princesse, & puis levant les mains au Ciel. Grands Dieux! dit-elle, quelques momens de jalousie qui n'ûrent aucun dessein barbare, devoient-ils me rendre coupables de tant de malheurs; Parmenie, si vous ne vivez plus, belle Parmenie, que vous estes heureuse!

Aprés ces mots, elle s'approcha de Meriante dont le visage mêlé de sang, & d'une pâleur mortelle, n'offroit plus que

que des traits méconnoissables. Helas! dit la Princesse, un sort cruel, sans doute arreste l'effet des bonnes actions, j'allois rendre Meriante heureux, & il meurt: là-dessus, elle ordonne qu'on le couche, & laissant une de ses filles auprés de luy, elle part, la douleur dans le fond de l'ame pour retourner à la Cour.

Un moment aprés son départ, Meriante ouvrit les yeux, où suis-je? dit-il en soupirant, vois-je encore la lumiere du jour? une des filles s'approchant alors de luy.

Seigneur, luy dit-elle, calmez la douleur de voſtre ame; n'avez-vous point aſſez ſatisfait à vôtre déſeſpoir? Ah! s'écria Meriante, dont les ſens & la raiſon eſtoient dans un ſi grand deſordre, qu'il doutoit de la vie dont il joüiſſoit encore, Ah! ce que je viens d'entendre, m'apprend que Parmenie eſt morte ſeule.

Cependant malgré ſa grande foibleſſe, on eut de luy un ſi grand ſoin, qu'il commençoit à ſe rétablir. La Princeſſe envoyoit vingt fois par jour demander de ſes nou-

velles; elle vint elle-même,
sur un allarme qu'on luy donna de la vie de ce jeune homme; car soit que la perte de son sang eut épuisé ses forces sans retour, soit que sa tristesse l'eut mortellement saisi; il luy prit une foiblesse si grande, qu'on commença à désesperer de sa vie.

La Princesse parut donc, Ah Meriante! luy dit-elle, souffrez que je vous voye encore, mon malheur & non pas ma volonté a causé tout le voftre & celuy de Parmenie; je ne sçay moy-même ce que cette infortunée est

S ij

devenuë, & ce sang répandu dont la vûë vous a si fort attristé, est l'effet, dit-on, d'une saignée qui s'est r'ouverte; que ne puis-je luy rendre la vie, si elle n'est plus! ou que ne puis-je la trouver si elle vit encore! mes intentions estoient sinceres, Meriante, je suis moy-même au désespoir de l'accident qui vous l'enleve, ne me haïssez pas. Helas! qu'à tant fait ma jalousie? je vous ay separez pour quelques jours de l'un & de l'autre; il est vray, tous vos maux viennent de là, mais il y auroit de l'injustice à m'imputer les crimes du hazard ; Vivez, mon amour, n'exigé rien de voſtre cœur, ſoyez déſormais tranquile. Il n'eſt plus de vie pour moy, répondit Meriante, d'une voix baſſe, Parmenie ne vit plus, ſon ſang eſt un fidel témoin de ſa mort, & je ſens que la mienne s'approche ; voſtre jalouſie n'a fait qu'occaſionner tout ce qui eſt arrivé, je l'avouë, malgré mes chagrins, je ne ſuis point injuſte ; c'eſt moy veritablement qui ait fait périr Parmenie, ſans l'amour que j'eus pour elle, vous ne l'auriez point éloignée, elle vivroit encore ; il est juste que ma mort l'a vange. En finissant ces mots, sa foiblesse augmenta, je me meurs, dit-il, d'une voix expirante : Adieu, Madame, je ne vous hays point, je vous plains seulement, trois innocens périssent ; les Dieux sont irritez contre vous ; songez à les calmer;au deffaut de l'amour que je n'ay pû sentir pour vous, mon ame fait des vœux au Ciel pour vôtre félicité : Adieu, Madame, je meurs; Princesse infortunée, oubliez-moy pour vôtre repos.

DE *** 215

Meriante expira là-dessus; la Princesse poussa des cris qui attirerent toutes ses filles dans la chambre, elle redemandoit Parmenie, & Meriante, attestoit les Dieux de son innocence, & les prioit de la prendre pour quatriéme victime de leur colere; on l'a mit au lit, la nuit qu'elle y passa fut cruelle; elle prononçoit sans cesse les noms de Meriante & de Parmenie, elle leur parloit, les croyoit voir, leur demandoit pardon, leur offoit son sang.

Tant d'agitation se calma pourtant, elle se fit emporter à la Cour; elle y fut prés d'un mois sans paroistre, passant les nuits & les jours dans les larmes. Le temps qui détruit tout, dissippa sa douleur ; elle fut informée de quelle maniere j'avois esté enlevée, les Domestiques de Tormez revinrent chez son pere, à qui ils apprirent la mort tragique de son fils, car il mourut ; le vieillard ne survécut que deux jours à son fils, & dans sa douleur, le secret de l'enlevement de Parmenie, qu'il n'avoit pas sçû luy-même, & qu'il n'apprit que par les Domestiques de

DE *** 217
de son fils, luy échappa devant quelques amis; ces amis le repeterent, & cetté histoire fut bien-tôt divulguée, & parvint jusqu'à moy par le frere de la Princesse qui l'avoit sçûë aussi.

Maintenant il faut vous dire ce que je devins, aprés que j'eus quitté les Paysans chez qui j'avois logé ; je suivis la premiere route qui s'offrit à mes yeux; ennuyée d'une vie que traversoient tant de malheurs, je n'eus d'autres dessein que de m'éloigner d'un Pays qui m'étoit si fatal.

Je marchay prés de quatre

quatre heures de temps sans sçavoir où j'allois; cet endroit de la Province estoit affreux, les yeux n'y découvroient par tout que de hauts rochers, & des valons qui présentoient des abismes, j'arrivay cependant aprés avoir traversé ces affreuses solitudes dans une vaste forest où le Soleil luisoit à peine ; ce lieu m'inspira je ne sçay quel plaisir de m'y voir seule à l'abry de la fureur de mon ennemy.

J'estois dans cette disposition d'esprit quand j'entendis marcher derriere moy, je retournay la teste, & je vis un homme qui tenoit un Livre ; cet homme quoyqu'âgé d'environ cinquante ans, estoit encore d'une assez bonne mine, pour faire juger qu'il avoit esté un des beaux hommes qu'on pût voir, ses habits estoient simples, mais au travers de cette simplicité d'habits, on découvroit en luy un air qui témoignoit quelque chose de grand ; le séjour de ce lieu barbare n'avoit pû effacer de ses traits une certaine politesse qu'on y voyoit encore ; je le regarday long-temps avec attention ; il s'arresta pour me considerer à son tour; Seigneur, me dit-il aprés, je ne sçay où vous allez, mais il est tard, & vous ne trouverés d'aujourd'huy aucun azile, je vous offre un logement, ma maison n'est point superbe, mais je m'efforceray pendant que vous y serez de vous y faire trouver le plus d'agrément que je pourray. Vous me l'offrez d'une maniere si obligeante, luy répondis-je, que je la préfere dés-à-présent aux Palais les plus magnifiques, & puisque vous m'asseurez, Seigneur, que je ne trouveray d'aujourd'huy

DE *** 221
de maison; j'accepte l'offre que vous me faites, avec toute la reconnoissance possible; en disant ces mots, je descendis de cheval, & nous prîmes, l'inconnu & moy, le chemin de sa maison; c'estoit un petit bâtiment dont les appartemens estoient commodes, les meubles en étoient simples & modestes, mais la tranquilité qui regnoit dans le lieu, prêtoit à cette demeure un charme plus sensible que tout ce que la magnificence peut offrir de plus brillant aux yeux.

Nous trouvâmes à la porte

de cette maison; un jeune homme environ âgé de quinze ans, & ce n'est point sans raison que je parle de son âge, il se recréoit à joüer d'un instrument champestre ; il fut surpris de me trouver avec l'inconnu, sa surprise n'en diminua pas les honnestetez pour moy, & nous entrâmes tous trois ; jamais on ne témoigna d'empressement plus obligeant que celuy que mes hôtes eurent pour moy ; ils s'apperçûrent cependant de la mélancolie de mon esprit. Seigneur, me dit le plus âgé des deux, vous avez sans doute des chagrins, & l'air distingué que je vois en vous, me fais préjuger que ces chagrins sont considerables. La maniere dont je vous ay rencontré m'est encore une forte preuve de vos malheurs. Helas ! est-il autre chose dans le monde ? & dans la societé corrompuë des hommes, trouva-t'on jamais une tranquillité durable ? vous avez raisons, luy répondis-je de penser que je suis mal-heureux : Peu de mortels ont éprouvé les maux que j'ay soufferts, & je ne crois pas qu'il en foit de plus grands; que vous eftes heureux dans cette folitude! vos jours icy ne font qu'un tiffu de calme & d'innocence, icy l'ame toûjours tranquile n'eft occupée que d'une douce admiration pour les ouvrages des Dieux, tout préfente leur pouvoir aux yeux ; pourquoy n'ay-je pas toûjours vécu comme vous.

Helas, Seigneur, repartit l'inconnu, ne penfez pas que j'aye toûjours vécu de même, l'eftat où vous me voyez, je n'en ay joüy qu'aprés l'experience la plus funefte des accidens qui arrivent dans le monde; jamais l'homme ne choisit d'abord l'estat le plus sage, ce choix est presque toûjours l'effet tardif de ses infortunes, les Dieux le permettent sans doute, puisqu'on n'est jamais plus occuppé d'eux, que quand on est détrompé de la vanité du monde, pendant que l'inconnu prononçoit ces mots, le plus jeune nous préparoit un repas champestre; que ces momens me semblerent doux! aprés en avoir passé de si tristes; nous mangeâmes, & aprés une sobre reflexion. Je ne sçay, Seigneur, me dit-il, si vous pensez comme moy, mais j'ay toûjours senty de la douceur à raconter mes peines, & je souhaiterois si ardemment de pouvoir soulager les vostres, que je vous prierois de me les confier, si ce récit que vous en feriez, les calmoit aussi un peu. Mais Seigneur, pour vous y engager, je vais vous faire un court récit des miennes; vous y verrez la raison du séjour solitaire que je fais dans ces lieux.

Mon nom est Merville, je suis né François d'une Maison illustre, & connuë; mon pere signala sa valeur pendant vingt années dans les Guerres de son Prince, il fut tué au Siege d'une Ville, j'estois alors à ma dix-huitiéme année ; les differentes Armées que le Roy estoit obligé d'entretenir contre differens ennemis, occuppoient presque tous les jeunes gens que leur naissance destinoit au service de leur Prince; j'étois alors sur mer avec une Flote que le Roy avoit armée contre les Anglois ; nous nous rencontrâmes les Ennemis & nous, & comme leur Flote estoit aussi

forte que la noftre, il ne re-
fuferent point le combat que
nous leur préfentâmes, les
noftres aprés des actions de
valeur inoüie de part & d'autre refterent lēs vainqueurs,
je ne partageay point le plaifir de la victoire avec mes camarades ; je reftay dans un
vaiffeau des Ennemis, où accompagné de plufieurs au-
tres, je me battois contre une
troupe de braves Anglois fans
penfer au fuccés du combat
general.

 Les Ennemis défaits mirent
au large & s'enfuirent pefle
mefle dans leurs Vaiffeaux ;

celuy dans lequel nous combattions mes camarades & moy suivit les autres, & nous disparûmes en un instant de la vûë des nostres, alors le nombre de nos Ennemis nous accabla, tous mes camarades furent renversez à mes pieds, & je me trouvay seul contre tous percé de plusieurs coups.

Le Capitaine du Vaisseau ennemy, touché de quelque valeur que j'avois témoignée, ordonna qu'on m'épargnast, & qu'on se contentast de me désarmer; j'entendis cet ordre genereux, & cessant de me deffendre, je rendis les armes, le sang que je perdois de tous côtez, m'auroit sans doute mis bientoft au nombre des morts, si ce Capitaine par des soins obligeans n'eût luy-même conservé ma vie ; il me fit mettre dans sa Tente, un Chirurgien mit l'appareil à mes blessures, & quand nous fûmes arrivez en Angleterre, ce Capitaine que je nommeray Hosbid m'emmena avec luy, & acheva dans sa maison de me remettre en parfaite santé.

Hosbid estoit un homme

de quarante ans, sa maison estoit une des plus nobles du Pays, il avoit esté marié deux fois ; sa seconde femme qui vivoit encore, joignoit une beauté ravissante à la jeunesse la plus brillante. Hosbid de sa premiere femme avoit eu une fille qui estoit alors à peu prés de mon âge. Ces deux Dames entendoient & parloient parfaitement le françois ; la fille d'Osbid avoit non-seulement une beauté singuliere, mais tout ce que la nature peut assembler de douceur & de majesté dans des traits, on le voyoit dans les siens. Helas! je guéris de mes blessures, mais de celle que cette fille fit à mon cœur; à peine en suis-je en ce moment guéry.

Je la vis quand je commençay à me lever, & cette premiere vûë m'inspira une passion qui dissipa de mon esprit toutes les idées de gloire & d'ambition, que mon âge & ma naissance pouvoient me donner alors; cependant, quoyque jeune, je ne laissay pas que de faire de sages reflexions sur l'amour qui se formoit dans mon cœur,
mes

mes biens n'eſtoient pas conſiderables, ou pour mieux dire, ils eſtoient médiocres; mon pere par divers accidens où l'avoient entraîné ſes plaiſirs ou ſa fortune avoit conſommé celuy qu'il devoit naturellement me laiſſer; la fille d'Hoſbid, diſois-je en moy-même, ne ſera point le partage d'un homme qui n'a preſque pour tout bien que ſes eſperances. Que prétens-je faire en l'aimant? payer de mille chagrins les obligations que j'ay à ſon pere, ſi mon amour engage ſa fille à quelque folle démarche;

non, non, il vaut mieux me retirer avant que ma paſſion devienne inſurmontable, la raiſon peut la regler encore; profitons des momens qui me la font ſentir. Partons.

Aprés cette réſolution, je parlay à Hoſbid, & luy dis qu'il eſtoit temps de le remercier de ſes bontez, que je le priois de faire enſorte que je fuſſe échangé avec quelques priſonniers ; vous vous ennuyez donc bien chez moy, me dit-il, non Seigneur, luy repartis-je, ſi j'en croyois la douceur que j'y trouve, j'oublierois facilement que je ſuis hors de mon Pays, mais je ne veux point abuser de vostre generosité, j'en ay deja reçû assez de marques, & ma reconnoissance ne peut augmenter; puisque vous m'en pressez, dit-il, je songeray à ce que vous me dites, & je feray même en sorte de vous renvoyer en France sur vostre parolle.

On ne pouvoit avoir, comme vous voyez un procedé plus genereux; cette maniere ne servit encore qu'à redoubler la crainte que me donnoit mon amour, me voilà, dis-je en moy-même obligé de demeurer encore icy du temps, Hosbid agira lentement pour ma liberté. Ah Ciel! préservez-moy du malheur de devenir ingrat.

Le jour de ma conversation avec Hosbid, je descendis avec luy dans un Jardin; nous nous promenâmes longtemps dans une allée touffuë, là le genereux Hosbid m'entretenoit du gouvernement du Royaume; ensuite il parla du combat que nous avions gagné sur les Anglois, il remarquoit les fautes que les siens avoient fait, il vint ensuite à la fuite dés Vaisseaux ennemis, & me dit que malgré le malheur arrivé à la Flote, il croyoit n'avoir pas un petit sujet de s'en consoler, puisqu'il avoit eu occasion de me connoître, & d'obliger un homme dont la valeur & le merite devoit attirer l'estime de tout le monde, Hosbid, luy répondis-je, ne parlons que de vos bontez, & non pas du peu que je vaux.

Nous en estions à ce discours quand nous apperçûmes sa fille qui se promenoit un Livre à la main; elle nous aborda d'un air charmant;

car dans les moindres actions, elle avoit une grace inimitable.

Je remarquay qu'elle rougit, & depuis elle me dit, qu'elle avoit fait sur moy la même remarque.

Les manieres d'Hosbid estoient franches en tout, les bienséances exactes, les attentions du monde cedoient chez luy à une certaine liberté dans les actions qui luy estoit naturelle, & qui venoit sans doute d'une confiance en la probité des autres.

Quand il eut esté un peu de temps avec nous, il se ressouvint de quelques Lettres qu'il avoit à écrire, il nous quitta sans façon, Seigneur, me dit-il, je vous laisse un moment avec ma fille, la promenade est belle, profitez en, en attendant le soupé, je viendrai vous rejoindre dans quelques momens.

Helas! mes malheurs ont commencé par ces funestes momens qu'il nous laissa.

Quand il nous eut quitté, inquiet & ravy tout ensemble d'estre seul avec l'aimable Misrie, c'estoit ainsi qu'elle s'appelloit; je sentis mon cœur palpiter, ma langue immobile ne put prononcer un mot, mes regards incertains s'attachoient avec crainte sur elle ; elle fut longtemps aussi sans parler ; enfin, honteux du silence impoly que je gardois, je tâchay de rappeller dans mon ame un peu d'assûrance, & soupirant à moitié, Hosbid, apparemment luy dis-je, ne connoist pas le danger qu'il y a d'être seul avec vous, belle Mirie, car il n'y exposeroit point un homme à qui ses bontez ont sauvé la vie ; à ce discours, répondit-elle, je reconnoist la politesse de vôtre

tre nation, &... Non non, repartis-je avec promptitude, & d'un ton de voix cependant égal ; l'homme le moins poly sentiroit auprés de vous, ce qui me fait parler, & la politesse de mon Pays ne me donne de plus qu'il n'auroit que l'avantage peut-être de mieux exprimer ce que je pense. Mais Seigneur, répondit-elle, il ne faut pas toûjours exprimer tout ce que l'on pense, le plus grand mal est fait, repartis-je, quand on a pensé, & il y a longtemps que je suis criminel ; ne parlons point de crimes, dit-elle, mon pere nous a recommandé de profiter de la promenade, ce n'eſt pas la gouter que d'avoir une converſation triſte. Ah Madame! m'écriai-je, que vous eſtes heureuſe de pouvoir à voſtre gré en choiſir les objets, & que je fuis à plaindre d'avoir icy perdu la liberté que j'en avois; vôtre malheur, répondit-elle, n'eſt point ſans remede, & la triſteſſe qui dérange la ſituation de voſtre eſprit, ne doit point durer, ſi vous regrettez voſtre Pays, vous n'en aurez que plus de plaiſir, en le revoyant ; mon Pays n'est pas ce qui m'occupe, Madame, repartis-je, & je ne l'ay que trop oublié chez vous ; vous plaignez-vous des efforts que l'on fait pour vous oster toute inquietude, dit-elle ; on réuſſira mal à vouloir la bannir du cœur de ceux qui vous verront, belle Miſrie, répondis-je ; vous m'en inſpirez une mortelle, & je payeray bien cher le plaiſir que mes yeux ont pris à vous regarder. Seigneur, me dit-elle, en verité ; permettez-moy de vous dire que vous eſtes un ingrat ; non

Madame, m'écriay-je, non, je ne le fuis point, je vous aime, on n'eſt point le maître de ſes ſentimens, mais on fuit ; j'ay voulu le faire, Hoſbid me retient. Ah ! Seigneur dit-elle alors ; pourquoy ne l'avez-vous pas quitté plûtôt, & ne pouviez-vous pas aillieurs qu'icy attendre l'occaſion de partir; vous ſerés bientoſt contente, répondis-je, quoyqu'il m'en coute, je vous prouveray mon amour du moins par les ſoins que je prendray pour vous épargner la peine de me voir ; je ne vous preſſerois pas de partir si vous ne m'en faisiez, dit-elle ; mais il s'en faut bien que cette peine finisse, quand je ne vous verray plus. Ah Dieux ! qu'entrevois-je dans ce discours, m'écriay-je, aimable Misrie. Ah ! Seigneur, dit-elle alors, ne pénetrez pas une réponse que m'arrache une foiblesse que je veux combattre.

Nous vîmes alors son pere qui revenoit nous joindre, nous nous promenâmes avec luy quelque temps, le jour baissoit, & nous nous en revinmes à la maison, je ne vous feray point le détail des conversations que j'eus encore avec Misrie; elle m'aima, elle m'abandonna son cœur, je perdis le mien avec mes reflexions, je ne vécus plus que pour elle, je ne pressay point Hosbid de ménager ma liberté, il fut long à agir; qu'il vous suffise de sçavoir que je crus m'appercevoir que la femme d'Hosbid me regardoit d'un air qui marquoit de la tendresse; je ne me trompois point; cette Dame estoit prévenuë pour moy de la passion la plus vive, mille choses me l'auroient appris plûtost, si je n'avois esté tout occuppé de la mienne ; elle n'attendoit que le moment favorable pour me faire parler, s'imaginant à mon air confus que la timidité seule m'empêchoit de répondre aux marques de son amour, elle estoit si belle, qu'il luy estoit permis de se persuader que la conqueste d'un cœur comme le sien, charmeroit celuy qui l'auroit faite.

Un jour que me promenant encore dans le jardin avec Misrie, je luy donnois des assûrances d'une éternelle tendresse, & que cette fille dont la vivacité naturelle augmentoit la violence de ses sentimens, que cette fille, dis-je y répondoit par de semblables, & me témoignoit qu'elle estoit si fort attachée à moy, que la mort seule pouvoit faire cesser son amour, nous fûmes tout d'un coup abordez par la femme d'Hosbid qui sortoit d'une petite allée touffuë où nous n'avions pû l'appercevoir; le dépit & la colere estoient empreints sur son visage; elle lança sur nous-deux des regards agitez, en se contraignant cependant malgré son agitation ; il me paroist dit-elle, si j'en crois l'action avec laquelle vous parliez tous deux, que le sujet de vostre conversation vous interesse beaucoup ; on peut parler de bien des choses avec action, Madame luy repartit Misrie, sans que le sujet en soit interessant, la vivacité de ceux qui parlent, est souvent la seule cause du feu qui paroist dans leurs gestes ; & comme Merville est fort vif, vous vous y estes aisément trompée ; il faut donc, répondit Guirlane, c'est le nom de cette Dame, supposer que vous êtes vive aussi, car vos gestes ne cedoient en rien aux siens; ne vous en deffendez point, ajoûta-t'elle, Merville vous parloit d'amour, les François sont galans, & leurs déclarations d'amour sont rarement d'un espece à faire rougir, car ils en font à toutes les belles; j'auray donc, quand il vous plaira l'honneur de vous en faire une, Madame, répondis-je à mon tour, puisque les François sont sans consequence; non non, dit-elle, Misrie vaut bien la peine qu'on se fixe à elle du moins pour quelque temps, tous François que je suis, repartis-je, je crois que s'il m'arrivoit de l'aimer, le génie de la nation m'abandonneroit, ou du moins que j'en aurois tout le feu, sans en avoir l'inconstance. A vous dire vray, dit-elle, vous prononcez ces paroles d'une maniere à me faire penser que vous le sentez, & je me trompe fort, si Misrie n'a du plaisir de les entendre, je vous laisse penser tout ce qu'il vous plaira, puisque cela vous divertit, répondit Misrie assez froidement, mais Madame, parlons d'autre chose, la même matiere ennuye, quand on la traite trop longtemps, c'est bien dit, repartit Guirlane, aussi-bien un tiers n'est-il pas ce qu'il faut pour la continuer avec agrément.

Comme je m'apperçûs que Misric souffroit beaucoup de cette conversation; je ne répondis plus rien, nous fûmes encore quelques jours ensemble, mais tous trois d'un air contraint & gêné, de temps en temps Guirlane nous regardoit d'un air où brilloit la joye de nous estre à charge, Misric ne put soûtenir d'avantage la présence de sa bellemere ; elle nous quitta même avant que nous fortifiions enfemble.

Vous pouvez aifément vous imaginer de quels mouvemens devoit eftre agitée Guirlane qui m'aimoit, & qui s'eftoit perfuadée que je l'aimois ; avoüez Merville, me dit-elle alors que je fuis arrivée bien mal-à-propos pour l'intereft de vos cœurs; raillerie à part, répondis-je, je vous affûre qu'il ne s'agiffoit rien moins que de ce que vous penfez entre nous, Mifrie eft trop fage pour en parler avec un Etranger qui doit la quitter inceſſamment, & dont elle ne sçait que le nom, l'amour n'a point tant de prudence, & j'en sçay qui en ont encore moins qu'elle; que je fuis malheureuſe !....

Guirlane s'arreſta-là en foupirant, je ne luy répondis rien, feignant de ne point comprendre ce qu'elle difoit, Merville, continua-t'elle aprés, je ne sçay fi vous vous eſtes apperçû du penchant que j'ay pour vous; moy, Madame, répondis-je, à quoy voulez-vous que je m'en fois apperçû ? à quoy repartit-elle d'un ton de voix languissant. Ah Merville! il est inutile de vous rapporter les marques qui m'en sont échappées, ma foible raison m'avoit presqu'abandonnée, jusqu'icy ma vie a esté sans tache, il faut qu'un Etranger arrive du fond de son Royaume pour me faire démentir en un instant toute la sagesse que j'ay gardée jusqu'icy, mais enfin les Dieux pour m'y rendre, opposent sans doute vostre indifference à ma foiblesse, & je vous parle de ce penchant malheureux pour toûjours, de l'aveu honteux que je vous en fais, je dois tirer des forces pour la combattre ; j'ay entendu voſtre converſation avec Miſrie ; qu'elle triſte ſurpriſe pour moy ! car enfin j'avois crû remarquer que vous m'aimiez , qu'allois-je devenir, O Ciel ! ſi mes remarques avoient eſté juſtes, je ſens que ma paſſion m'eut tout fait oublier , elle eut eſté victorieuſe de tout ; Quel égarerement grands Dieux ! dans quel précipice ce funeſte penchant ne m'eut-il point conduite! que ſçay-je à quoy j'aurois pû me réſoudre ? ſi vous eſtiez party, qui m'auroit pû retenir

retenir en ces lieux ? la vertu m'eut envain avertie, la crainte de vous perdre eut prévalu fur toutes mes réflexions, mais vous eftes un ingrat, & cette ingratitude eft un remede à ma paffion ; mais je m'oublie encore, je ne fuis point affez forte pour foûtenir voftre préfence, l'amour fe mêle encore à mes remords, n'en appréhendez cependant rien Merville, je veux l'étouffer, j'y renonce. Ah! Madame luy répondis-je, penfez-vous qu'il n'en coure point au cœur d'un honnefte homme de fe voir réduit à n'avoir que de la reconnoissance pour les tendres sentimens, de vos pareilles ; mais vous sçavez par vostre experience, si nous sommes les Maistres de nos cœurs, aprés cela, Madame, la raison & l'honneur, tout me deffendroit de vous aimer ; n'estes-vous pas la femme d'Hosbid à qui je dois la vie? Qu'elle récompense ô Ciel! des services qu'il m'a rendus ; si je n'emploïois cette vie, qu'il m'a sauvée qu'à luy voler le cœur d'une épouse qu'il chérit autant qu'elle est aimable, quand même toutes ces considerations ne m'arresteroient pas; je pars inceſſamment ; & partirez-vous moins, quoyque vous aimiez Miſrie, me répondit Guirlane... Mais que vais-je vous dire! Partez Merville, pour toute re- connoiſſance, au malheureux amour que jûs pour vous! par- tez, je ne vous demande que cela ſeul, épargnez-moy la peine de vous voir ſans ceſſe, & de combattre toûjours ; donnez-moy cette marque de generoſité.

Elle me quitta aprés ces mots, & me laiſſa dans une veritable compaſſion pour elle; je l'eſtimois & je la plai-

Y ij

gnois ; deux jours entiers se passerent sans que je pus me résoudre à parler de mon départ à Hosbid. Helas ! me disois-je, Guirlane m'a pressé de partir, les efforts qu'elle fait contre moy, sa tendresse, sa vertu qui cherche à se sauver, méritent bien de ma part le secours qu'elle me demande ; fuyons, je remplis tout icy d'un malheureux amour qui ne peut avoir enfin que de fâcheuses suites, mais helas ! que quand on aime, les reflexions ont peu de force, j'estois comme enchaîné, je ne parlois point de partir,

Guirlane m'évitoit, quelques regards luy échapoient sur moy, il sembloit que c'estoit pour me dire, que j'estois indigne & de son amour & de son estime, puisque je n'avois pas le courage de servir sa vertu ; je baissois les yeux, & n'osois la regarder. Il est temps de vous dire à présent, que dans ce temps Hosbid songeoit à marier sa fille, il y avoit sept ou huit jours qu'elle luy avoit esté demandée par un Seigneur trés-riche & de bonne mine, toutes ses qualitez ne laisserent pas douter Hosbid, qu'i l fut du goût de sa fille; ainsi il ne se détermina à parler de cette affaire, que quand elle seroit concluë entre luy & le Seigneur Anglois, ce mariage estoit considerable pour les interests même d'Hosbid, car ce Seigneur avoit des parens à la Cour qui y tenoient le premier rang, & dont la faveur rejalliroit sur luy.

Ce fut donc deux jours aprés ma conversation avec Guirlanne, qu'Hosbid parla de ce mariage à sa fille & à sa femme; que l'amour malgré toute sa résistance à de retours subtils & puissans !

Guirlane sentit interieurement du plaisir à traverser nos feux, elle approuva fort ce mariage; à l'égard de Misrie que j'avois avertie du penchant de Guirlane pour moy; elle repondit à son pere, qu'à moins qu'il ne la contraignit, elle n'estoit point résoluë de se marier si tost.

Malgré le caractere franc & genereux d'Hosbid, il estoit obstiné dans ses sentimens, & quand on luy résistoit, il ne mettoit presque plus de frein à ses emportemens, il témoigna à sa

fille qu'il falloit qu'elle changeast de résolution, que ce mariage estoit un bonheur pour elle, qu'il ne vouloit pas qu'elle perdist par un caprice sans fondement; aprés quelques discours pareils, il la quitta dans le dessein de la faire obéïr, j'entray dans la chambre de Misrie, au sortir de la conversation qu'elle venoit d'avoir avec son pere; Merville, me dit-elle, tout est perdu pour vous, mon pere veut que je me marie; qu'elle nouvelle pour moy, grands Dieux! je pensay m'en évanoüir, je me jettay aux
pieds

pieds de mon aimable Misric, je luy dis tout ce que l'amour dans une occasion qui le redouble, peut inspirer de plus vif & de plus doux ; dans mon desespoir, je luy proposay mille partis extravagans qu'elle rejettoit avec sagesse ; enfin, je la pressay tant que je luy fis promettre, qu'en cas de violence elle me donneroit sa foy, & qu'aprés nous estre liez l'un à l'autre par des nœuds éternels, je sortirois secretement de la maison de son pere, à qui elle avoüeroit tout quand je serois party ; je m'assûrois que la bonté d'Hoſbid qui aimoit beaucoup ſa fille feroit qu'aprés quelque couroux, il ſe réſoudroit à ſouffrir noſtre mariage.

Je la remerciois donc par des marques de ſatisfaction infinie de la promeſſe qu'elle venoit de me faire, quand le jeune Seigneur à qui Miſrie eſtoit promiſe, entra dans la chambre au moment qu'aux genoux de cette fille, je luy baiſois une main qu'elle abandonnoit à mes careſſes, pendant qu'elle appuyoit l'autre ſur ma teſte. Ce jeune Seigneur avoit donné parole à Hosbid de venir ce jour-là chez luy sur le soir pour y voir sa fille, & la préparer à le recevoir pour époux, il n'avoit vû Misric que trois ou quatre fois, mais cela avoit suffi pour luy donner un amour extrême, & l'impatience qu'il avoit de la revoir, fit qu'il hâta sa visite.

Vous pouvez vous imaginer ce qu'un amant devient à la vûë des tendres caresses que se font, & un rival & sa Maistresse ; celuy-cy ne se connut plus, il tira son épée dans le moment que je me levois avec précipitation & avec surprise ; meurs ! rival trop heureux, me dit-il en sa langue, meurs ! tu périras trop glorieux pour regreter la vie. A ces mots, qu'il accompagna d'un soupir, il s'élança sur moy avec tant de temerité qu'il se perça de mon épée luymême, & qu'il tomba blessé d'un coup mortel ; nôtre combat fit du bruit, Misrie plus tremblante pour mes jours que pour les suites fit des cris qui attirerent bientôst Hosbid & sa femme.

Ah Ciel ! s'écria-t'il, que

vois-je, Merville, vous ôtez dans ma maison la vie à un homme que je deſtinois pour époux à ma fille! lâche que vous eſtes, aprés les obligations que vous m'avez, & que vous vantiez tant. Seigneur luy répondis-je, je ne cherche point à me juſtifier ; ce Cavalier attaquoit ma vie, je l'ay deffendu ſans en vouloir à la ſienne ; & il s'eſt plongé luy-même mon épée dans le cœur.

A ces mots, le Seigneur Anglois la teſte appuyée ſur un fauteüil m'entendant parler François, dit en la même langue, je ne tenois à la vie que par l'esperance d'estre aimé de Misrie, je devois l'épouser, & puisque tu m'as enlevé son cœur, sans lequel il n'estoit plus de bonheur pour moy, ton bras qui hâte la fin de mes jours, m'épargne une mort plus cruelle que ma douleur m'auroit donnée avec lenteur. Seigneur, ajoûta-t'il en s'addressant à Hosbid, Misrie aime ce Cavalier, j'en ay des preuves, ne les soupçonnez cependant pas plus grandes qu'elles sont, la sagesse les régloit, je ne te demande en mourant qu'une grace, puisque ma juste colere n'a pû entraîner mon rival à la mort avec moy ; du moins Hosbid, qu'il ne joüisse pas de l'impuissance où je suis, de traverser le bonheur auquel il aspire, & qu'il m'enleve. Non Seigneur, répondit Hosbid, l'ingrat n'en joüira pas, & je ne borneray pas à cela ma juste vengeance.

Pendant tout ce qui se passoit, Misrie gardoit le silence, elle n'osoit lever les yeux sur personne ; le jeune Seigneur voulut parler encore, mais il expira aux pre-

miers mots qu'il prononça.
Ah! justes Dieux, quel étrange avanture! est-il de trahison plus noire que celle dont le malheur désole aujourd'huy ma famille? dit Hosbid, & toy fille ingrate, que mon cœur se repend d'avoir trop aimée; ne rougis-tu pas d'être de societé avec ce lâche dans sa perfidie. Ce nom ne me convient pas, Seigneur, répondis-je alors avec une fierté, que ce terme m'inspiroit; ma naissance ne me deffendoit pas d'élever mes desirs jusqu'à Misric; cependant si je l'ay aimé, un des-

sein formé n'y a point de part; j'ay cédé à un penchant invincible, il n'a pas tenu à moy de vous épargner les accidens qui arrivent; vous le sçavez, Seigneur, j'ay pressé mon départ, & je n'en eus pour motif qu'un amour que je voulois fuir; Misrie, je l'avoüeray, puisqu'on vient de vous le dire; Misrie est sensible à ma tendresse, & si vous regardez ses sentimens comme un crime, c'est à moy qu'il le faut imputer, moy qui n'ay rien oublié pour l'engager à vous résister, moy qui ay abusé de la liberté que j'avois de luy parler à chaque instant. Ma juste colere répondit Hosbid, sçaura vous partager les peines que vous meritez, j'oublie qu'elle est ma fille, & je ne vois plus en elle qu'un monstre d'ingratitude qui me fait horreur.

Qu'on l'enferme, continua-t'il en parlant de sa fille, j'ordonneray du reste; pour toy, Merville, quitte cette épée dont ton bras est en-vain armé; ta résistance ne retarderoit que de quelques momens le sort que je te destine. Hosbid luy répondis-je, si j'estois d'humeur à me servir de l'épée que je tiens, peut-estre par des coups plus hardis que vous ne pensez, ce bras pourroit-il justifier un triste sort que vous me reservez, & vous faire repentir, vous, ou ceux qui m'approcheroient, de l'audace de me menacer: mais je respecte en vous le pere de Misrie, & mon amour me fait préférer une mort innocente aux funestes effets d'un ressentiment qui ne signaleroit que ma valeur sans me sauver de la mort, & que Misrie pourroit me reprocher; la voilà donc cette épée que vous me demandez, ajoûtai-je en la jettant à terre, exécutez sur moy tout ce que vous inspireront d'injustes motifs de vengeances.

Aprés ces mots les Domestiques d'Hosbid qui estoient présens me saisirent & m'enfermerent dans une chambre d'un appartement éloigné.

Hosbid fit emporter le jeune Seigneur, & sa fille fut enfermée dans la sienne; je passay trois jours entiers sans qu'il m'arriva rien de funeste, je jugeay aprés qu'apparamment Hosbid avoit esté longtemps à se déterminer sur le genre de la mort qu'il vouloit me faire souffrir ; car quand il se voyoit outragé, il estoit vindicatif jusqu'à l'excés.

C'est trop long-temps, dit-il le quatriéme jour à sa femme, laisser vivre un ingrat, qu'il n'ait pas la douceur de penser que je puisse luy pardonner, qu'il me rende cette vie que mes soins luy avoient conservée, & que je ne m'attendois pas luy voir employer à porter le desordre dans ma famille, le poison ou le fer m'offrent leur secours, mais ma maison n'a deja que trop esté ensanglantée, que le poison m'en délivre. A ces mots Guirlane pâlit ; Seigneur, luy dit-elle, il suffit de le renvoyer ; il est assez puny de perdre pour jamais la vûë de ce qu'il aime. Non, non, Madame, dit-il, ce n'est point ainsi qu'Hosbid se vange aprés un outrage pareil, vostre pitié pour luy est superfluë, ne me parlez pas d'avantage. Il s'éloigna là-dessus, & ordonna qu'on prépara du poison ; ses ordres furent executez, un vieux Domestique fut chargé d'aller chercher tout ce qu'il falloit pour le rendre prompt & violent, & Hosbid se deffiant de la complaisance qu'il avoit pour sa femme, sortit de chez luy pour n'être point exposé à la foiblesse d'accorder ma grace à sa compassion. Il s'en alla chez un de ses amis qui demeuroit à un quart de lieuë de sa maison, aprés avoir ordonné avant de partir au vieux Domestique chargé de préparer ma mort, qu'il fit ensorte qu'à son retour il me trouva expiré.

La visite qu'il rendit à son amy me sauva la vie, mais d'une maniere qui pensa m'exposer à de nouveaux malheurs.

Le Domestique à qui Hosbid avoit ordonné de préparer mon poison, revint le même jour de l'endroit où il estoit allé le chercher.

Ce Domestique avoit accompagné son Maistre dans le temps que nostre Flotte avoit esté victorieuse de celle des Ennemis ; il m'avoit vû combattre dans le Vaisseau de son Maistre ; un peu de valeur, où je ne sçay qu'elle affection qu'il avoit conçû pour moy, faisoit alors qu'il plaignoit mon sort, & il avoit bien souhaité que je fusse sauvé sans que son Maître pût luy imputer ma fuite & mon salut. Guirlane tremblante pour mes jours profita de la disposition où il se trouvoit pour moy ; elle avoit toûjours distingué ce Domestique des autres, & ces bontez avoient donné à cet homme tant de respect & d'amitié pour elle, ajoûtez à cela qu'elle estoit belle (qualité qui donne un empire sur tous les cœurs) qu'il se détermina à faire tout ce qu'elle voulut; puisque mon mary n'est point icy, luy dit-elle, sauvons ce mal-heureux de son couroux, Hosbid passera la nuit chez son amy, mon dessein est de cacher le François chez un Paysan qui demeure ici prés; cet homme fera ce que je voudray; & pourquoy cette précaution? dit le Domestique, sans nous donner tant de soins ; il n'y a qu'à luy rendre la liberté; tu n'y songes pas, dit Guirlane, c'est pour nous deux que je la prends cette précaution; ne pourroit-il pas arriver, que ne sçachant pas les chemins, le hazard ou son infortune le conduiroit dans l'endroit où est mon mary? je vois, Madame, répondit le Domestique que vous avez plus de prudence que moy, conduisez la chose; que faut-il à présent que je fasse? aller trouver le Paysan, repartit-elle, luy dire de venir me parler; tu sçauras aprés; comment nous executerons le reste.

Là-dessus, le Domestique part, va trouver le Paysan; c'estoit un Jardinier qui travailloit souvent au jardin d'Hosbid, Guirlane aimoit les fleurs, il avoit le secret de luy en conserver en tout temps. Cette Dame naturellement genereuse, le payoit de ses peines, & luy faisoit tant de bien que cet homme eust aveuglement fait ce qu'elle eust exigé de luy.

Tout favorisoit le dessein de sa compassion pour moy d'un côté celle du Domestique, & de l'autre la reconnoissance aveugle du Jardinier, l'assûroient du secret & du succés.

Le Jardinier vint & luy parla; enfin, Seigneur, elle

profita si bien des bonnes dispositions de cet homme, qu'elle l'engagea à me cacher chez luy pour deux jours ; une seule difficulté arresta le Jardinier, c'est qu'il n'avoit que deux chambres & un endroit qui ne recevoit le jour que par une lucarne où ses enfans & luy dans l'hyver s'enfermoient avec quelques troupeaux qu'il y mettoit dans cette saison; mais elle leva bien-tost cette difficulté, en l'asseurant que ce lieu me conviendroit mieux que tout autre ; au reste, Jardinier, ajoûta-t'elle; cet homme est un Seigneur étranger, que mon mary a fait prisonnier dans un combat sur Mer, Misrie ressent pour luy la compassion la plus vive ; ce Seigneur a pour elle un amour égal ; cette tendresse mutuelle a mis obstacle à un mariage qu'Hosbid a voulu faire de sa fille avec un Seigneur Anglois, l'Etranger a tué l'Anglois, & Hosbid aprés ce coup a fait enfermer sa fille, & a condamné son prisonnier à la mort, il est party en donnant ordre qu'il fut sans vie à son retour, ainsi tu vois qu'en m'obligeant, tu sers Misrie qui un jour reconnoistra le service que tu luy rends en sauvant un homme qu'elle aime ; & de ma part tu te ressentiras tous les jours de ta vie du plaisir que tu me fais, en me donnant celuy de satisfaire ma compassion, j'iray peut-estre demain luy rendre une visite, & tu seras comblé de mes bien-faits ; au reste, ce soir, quand le sommeil aura endormy tous les Domestiques de la maison, je t'envoyeray chercher par celuy qui a esté t'avertir de ma part; tiens toy prés pour ce temps-là. Adieu n'oublies rien de ce que je viens de te dire.

Aprés ces mots, elle quitta le Jardinier qui s'en retourna chez luy, charmé de l'argent qu'il possedoit, & des promesses qu'on venoit de luy faire encore; & dans la précaution que Guirlane avoit de me faire rester deux jours chez le Jardinier, l'amour y avoit autant de part que la prudence; cette Dame vouloit avoir du moins la satisfaction de me voir une fois avant de me perdre; je n'en jugeay pas de même, comme vous verrez dans la suite.

Fin du troisiéme Tome.

www.ingramcontent.com/pod-product-compliance
Lightning Source LLC
Chambersburg PA
CBHW050631170426
43200CB00008B/974